全国建设行业职业教育规划推荐教材

房地产经纪综合实践

(房地产类专业适用)

彭玉蓉　主编

中国建筑工业出版社

图书在版编目（CIP）数据

房地产经纪综合实践/彭玉蓉主编．—北京：中国建筑工业出版社，2007

全国建设行业职业教育规划推荐教材．房地产类专业适用

ISBN 978-7-112-09615-2

Ⅰ．房… Ⅱ．彭… Ⅲ．房地产业－经纪人－专业学校－教材 Ⅳ．F299.233

中国版本图书馆 CIP 数据核字（2007）第 144786 号

全书针对房地产经纪综合实践展开论述，全书理论结合实践，由表及里，是一本专业性很强的书，适用于房地产类专业。

全书共分六章，分别为房地产经纪信息的收集与整理、房地产市场调查、房地产代理业务操作流程与实训、房地产居间业务流程与实训、房地产经纪代办业务流程与实训、房地产营销策划理论基础与实训。

* * *

责任编辑：张 晶 刘平平
责任设计：董建平
责任校对：孟 楠 刘 钰

全国建设行业职业教育规划推荐教材
房地产经纪综合实践
（房地产类专业适用）

彭玉蓉 主 编
贾士军 主 审

*

中国建筑工业出版社出版、发行（北京西郊百万庄）
各地新华书店、建筑书店经销
北京红光制版公司制版
廊坊市海涛印刷有限公司印刷

*

开本：787×1092 毫米 1/16 印张：9¼ 字数：225 千字
2008 年 1 月第一版 2015 年 6 月第三次印刷
定价：**18.00** 元
ISBN 978-7-112-09615-2
（16279）

版权所有 翻印必究
如有印装质量问题，可寄本社退换
（邮政编码 100037）

前　言

《房地产经纪综合实践》一书，根据建设部职业教育房地产经营与管理专业"教育标准"、"培养方案"及"房地产经纪综合实践大纲"，由广州市土地房产管理学校负责组织编写，并经建设部房地产经营与管理专业指导委员会评审通过。

本书以"理论+实践"的全新模式，在系统介绍房地产经纪主要业务的工作内容的同时，将工作流程分解为一个个工作项目，使学生在一定理论学习的基础上，通过更具体、更丰富的实际操作来掌握房地产经纪的业务流程和工作方法，并培养诚实守信、吃苦耐劳的品质和良好的职业道德，更好地突出中职教育的"就业导向，能力本位，面向市场，服务社会"的办学方针。

全书共分六章，内容包括房地产经纪信息的收集与整理、房地产市场调查、房地产代理业务流程、房地产居间业务流程、房地产经纪代办业务流程及房地产营销策划等，在编写中结合专业特点和相关知识要求，全面贯彻素质教育，注重学生创新精神和实践能力的培养，力求语言精练，通俗易懂，资料翔实、完整，例证具体、生动，适合职业院校的学生阅读。

本书由彭玉蓉主编（第一、二、三、六章），韩现国参编（第四、五章），广州大学经济与管理学院贾士军教授主审。主审对书稿提出了许多宝贵意见，广州市土地房产管理学校温小明校长、黄志洁副校长、教育研究室何汉强主任对本书的编写提供了有益的帮助，在此一并致以衷心的感谢。

由于编者水平有限，书中难免有疏漏之处，敬请读者给予批评指正。

目 录

第一章 房地产经纪信息的收集与整理 …………………………………………… 1
 第一节 房地产经纪信息概述 ……………………………………………… 1
 第二节 房地产经纪信息的收集与整理实训 ……………………………… 4
 第三节 房地产经纪信息的计算机管理系统实训 ………………………… 8
 复习思考题 …………………………………………………………………… 12

第二章 房地产市场调查 …………………………………………………………… 13
 第一节 房地产市场调查的内容与方法 …………………………………… 13
 第二节 房地产市场调查实训 ……………………………………………… 21
 复习思考题 …………………………………………………………………… 31

第三章 房地产代理业务操作流程与实训 ………………………………………… 32
 第一节 房地产代理业务及商品房预售鉴证业务流程 …………………… 32
 第二节 新建商品房销售代理实训 ………………………………………… 36
 复习思考题 …………………………………………………………………… 71

第四章 房地产居间业务流程与实训 ……………………………………………… 72
 第一节 房地产居间业务流程 ……………………………………………… 72
 第二节 二手房买卖居间交易流程与实训 ………………………………… 77
 第三节 房屋租赁居间业务实训 …………………………………………… 94
 复习思考题 …………………………………………………………………… 105

第五章 房地产经纪代办业务流程与实训 ………………………………………… 106
 第一节 按揭贷款代办业务流程与实训 …………………………………… 106
 第二节 房屋抵押贷款业务流程与实训 …………………………………… 117
 第三节 已抵押房屋再贷款（转按揭）业务流程与实训 ………………… 119
 第四节 房地产权属登记代办服务实训 …………………………………… 120
 复习思考题 …………………………………………………………………… 123

第六章 房地产营销策划实训 ……………………………………………………… 124
 第一节 房地产营销策划概述 ……………………………………………… 124
 第二节 房地产销售策划实训 ……………………………………………… 128
 第三节 房地产形象策划实训 ……………………………………………… 133
 第四节 房地产广告策划实训 ……………………………………………… 133
 复习思考题 …………………………………………………………………… 143

参考文献 …………………………………………………………………………… 144

第一章 房地产经纪信息的收集与整理

理论内容
- 房地产经纪信息的涵义
- 房地产经纪信息的特征
- 房地产经纪信息的作用

实操内容
- 房地产经纪信息的收集与整理实训
  - 项目一：房地产经纪信息的收集训练
  - 项目二：房地产经纪信息的整理训练
- 房地产经纪信息的计算机管理系统实训
  - 项目一：房地产经纪信息计算机管理系统的认识训练
  - 项目二：房地产经纪信息计算机管理系统实例

房地产经纪信息是房地产经纪业务运作中的重要资源，也是房地产经纪机构的无形财富。本章结合房地产经纪信息的日常管理，阐述了房地产经纪信息的管理原则，分析了信息管理中的信息收集、加工整理、利用等环节，并以上海某房屋置换股份有限公司信息管理系统为例，介绍了房地产经纪信息计算机管理系统的主要类型、结构和功能。

第一节 房地产经纪信息概述

一、房地产经纪信息的涵义

房地产经纪信息是反映房地产经纪活动并为房地产经纪活动服务的信息，它通常包括四方面的信息：房源信息、客户信息、市场信息和房地产经纪行业信息。这四方面缺一不可。

房地产经纪信息由若干要素组成，主要是语言要素、内容要素和载体要素三个方面。语言是传递信息的媒体，也是信息的表现形式和工具，房地产经纪信息通常可以用文字性语言（包括数字）表现，也可以用形象性语言（如图画）来表现。内容则是关于其所涉及对象（如房源）的表象、属性、特征、本质和运动规律等的确定性描述。信息本身不具有实体物质形态，必须依附于某一介质或载体如纸张、胶片、磁带、磁盘等才能被传递、加工和整理。通过图 1-1 所示的一则房地产广告，我们可以直接地了解这三个要素是如何构成房地产经纪信息的：某新楼盘推出的报纸广告，为了让消费者注意，发展商用了一个版面的篇幅，首先映入人们眼帘的是图片与文字，图片、文字就是一种书面语言，通过这些书面语言，展现了关于楼盘具体情况的内容，如楼盘所在的地理位置、小区的周边环境、小区的内部装饰、智能化情况、楼盘的价格及售楼地址、发展商名称等许多内容，使消费者了解楼盘的情况，进而激发潜在消费者的购买欲望。以上所述的语言、内容并不能孤立存在，要依附于报纸纸张的物质载体，传递到千家万户并得以保存。

图 1-1　某楼盘广告

二、房地产经纪信息的特征

1. 共享性

通过共享，使更多的人获得信息，给更多的人带来价值。但对于一些机密或具有排他性的信息，应注意保护。

2. 多维性

即一条房地产经纪信息在具有不同的价值观或不同的认识层次的人那里会有不同的价值含义，人们在不同时段、不同的环境下对同一房地产经纪信息有不同的认识，当经纪信息的属性和内容与人们的需求相联系时，其使用价值就能发挥出来。

3. 积累性

房地产经纪信息可以重复使用，随着信息的累积，会有新的价值产生。在房地产经纪活动中，信息使用后要加以保存。通过对积累信息的分析还能加深对市场的了解。

4. 传递性

通过经纪信息的传递，使获得信息的人大大增加，通过将大量相关的信息综合分析能够得到新的信息，通过对经纪信息的收集、加工和整理，将其物化于房地产实物上，还能增加房地产实物的附加值。

三、房地产经纪信息的作用

1. 实现房地产经纪活动的基本功能

房地产交易的成功与否就在于是不是能够找到匹配的交易双方。客户由于受到自身情况的限制，缺乏充分的信息，所以常常不能找到合适的交易对象。房地产经纪人由于掌握了一定的房地产信息并具备针对问题快速有效收集信息的技能，因而能尽快找到匹配的交易双方，使交易尽早完成，从而实现房地产经纪的基本功能。

2. 有利于提升房地产经纪服务的附加值

房地产经纪人拥有的众多房地产经纪信息能够使其更好地为客户服务，提高房地产经纪服务的附加值。在房地产经纪活动中，向房地产开发企业传递有价值的信息，能让开发企业及时了解市场状况，减少盲目开发，提高房地产的有效供给，提高企业的经营效益；向消费者提供有用的信息，能使消费者在交易过程中减少人力、物力、财力的付出；通过向交易双方提供信息，可在一定程度上避免因信息不对称而使交易中一方处于优势而另一方处于劣势，减少交易纠纷，规范房地产市场。

3. 有利于活跃和规范房地产经纪行业

房地产经纪信息还有利于房地产经纪人和房地产经纪机构充分了解和把握同行业的发展现状和趋势，及时有效地修正自身的业务运作方式，提高业务运作水平，从而活跃和规范整个房地产经纪行业。

四、房地产经纪信息管理的原则

1. 重视房地产经纪信息的系统性

房地产经纪活动需要的信息是大量的、系统的、连续的，它不仅数量大，而且涉及到房地产经纪活动的方方面面，只有通过有效的结合才能有全面的认识。房地产经纪活动总是不断发生、向前发展的，所以房地产经纪信息也总是不断产生，因而房地产经纪人要不断地收集、加工、传递和利用房地产经纪信息，通过其连续性及时了解房地产市场的变化和趋势，以便房地产经纪活动顺利进行。

2. 加强房地产经纪信息的目的性

房地产经纪信息直接作用于房地产经纪活动的过程之中，它具有比其他信息更明显的目的性特征。房地产经纪信息的管理，包括收集、加工、整理和利用都应针对房地产经纪活动的目的，如某一个楼盘的销售、某一套房源的出售，以及房地产经纪机构自己所专注的某类市场、某类客户。只有这样，才能将信息资源转化为经济效益。

3. 提高房地产经纪信息的时效性

由于房地产市场环境和市场主体都在不断地发生变化，因此房地产经纪信息的有效性也随时间而发生变化。因此房地产经纪信息的利用应提高时效性。一方面要及时更新信息库中的信息内容，另一方面要提高信息利用的效率，尽量使信息在最短的时间内发挥作用。如根据市场信息和同行业信息及时调整经营方式、经营类型，及时向客户提供最新市场信息、政策信息，用以提升服务附加值等。

4. 促进房地产经纪信息的网络化

房地产经纪机构在房地产经纪信息利用中引入计算机网络可改变原有的信息管理和查询方式，提高经济效率，而且网络传递的多媒体信息，包括汉字、图片以及三维动态模拟，其传递的信息量也不是传统媒体所能企及的。另外，计算机网络可以突破时间、空间的限制，能够在不同地方、任何时间为客户提供服务。因此，房地产经纪机构应积极促进房地产经纪信息网络化。

第二节 房地产经纪信息的收集与整理实训

项目一：房地产经纪信息的收集训练

训练目标：掌握房地产经纪信息收集的基本方法，并会从多种途径收集经纪信息。

1. 学生列举房地产经纪信息的收集来源
（1）通过市场调查收集公开传播的房地产经纪信息；
（2）从有关单位内部获取房地产经纪信息；
（3）现场收集房地产经纪信息；
（4）利用网络获取房地产经纪信息。

2. 公开传播的房地产经纪信息的收集训练
（1）学生列举房地产经纪信息公开传播的主要方式：报纸、广播、电视、杂志以及正式出版的文献等。
（2）学生收集当地房地产经纪信息比较集中的报纸的相关栏目，比较各自的特色，整理为表1-1：

房地产经纪信息刊出情况统计表　　　　　　　　　　表1-1

报纸	栏目	主要内容	刊出时间	刊出频率	收费标准
报纸1					
报纸2					
报纸3					
……					

（3）学生收集房地产类专业杂志，一方面有助于学生了解房地产专业杂志的种类，另一方面可以收集全国各地的房地产经纪信息，也可以通过比较不同城市的房地产经纪信息来加深对全国楼市的认识，并了解各地房地产经纪行业的现状；
（4）官方资料的收集。

3. 从有关单位内部获取房地产经纪信息收集训练
（1）通过信函形式联系房地产企业收集相关资料；
（2）通过问卷形式收集房地产企业经纪信息；
（3）房地产经纪企业之间的信息资料交流；
（4）向房地产企业中熟悉房地产市场的有关人员进行调查收集资料。

4. 现场收集房地产经纪资料训练
（1）学生到售楼处收集售楼书、房地产企业内部刊物等资料；
（2）实地考察与房源调查，也可以排除一些不准确的信息。

5. 通过网络收集房地产信息资料
（1）利用搜索引擎（yahoo、google、baidu）收集信息。
学生到计算机房进行上网训练，学习如何利用搜索引擎收集房地产经纪信息，如何确定搜索关键字词，熟练掌握上网、保存网页、下载资料和图片、保存文档信息等操作。

如在百度搜索中输入关键字"广州合富置业"，有图1-2的显示。

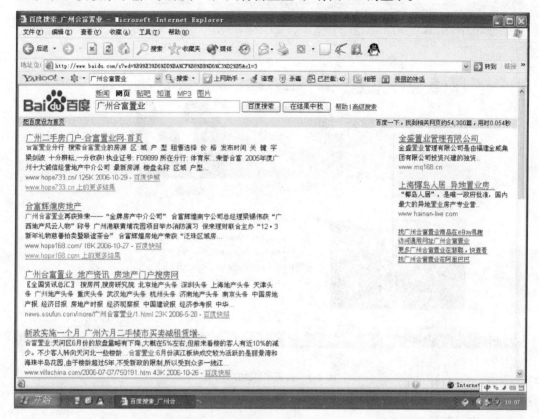

图1-2　百度搜索的"广州合富置业"网页

点击进入"合富辉煌房地产"，则有图1-3的显示。

（2）通过网站跟踪

训练学生对提供信息的特定网站进行跟踪，收集有价值的信息，比如让学生连续多天上网跟踪某些大型房地产企业的网站。

（3）加入邮件列表

一些网站为维护与用户的关系，常以新闻邮件、电子刊物的方式将一些有价值的信息发给用户。学生可进行类似的训练，相互之间发送有关的信息，然后对收到的邮件列表信息进行加工整理。告知学生有哪些可以提供免费邮箱的网站，让学生以用户名义注册，即可享受网站的免费邮件列表服务。

（4）电子公告板BBS

很多学生对BBS非常熟悉，但多用来聊天。可以确定一个与房地产经纪信息有关的主题，引导学生按该主题分类，经常到相关论坛发现一些有用的信息。

6．了解通过网络进行市场调查的方法

（1）网上调查问卷法

学生了解在某一网站上设置调查表的方法，模拟访问者在线填写并提交到服务器，再

5

图 1-3 合富辉煌地产网页

进行汇总整理。

(2) 电子邮件调查法

学生设计好调查问卷，直接发到被调查者的邮箱。学生之间、学生与老师之间可互相发送，填写完问卷后又发回给寄件人。

(3) 其他

利用聊天室、ICQ 等手段也可在与他人交流的过程中获得有价值信息。

7．将前面通过各种方式收集到的房地产经纪信息资料保存好，以备后用。

项目二：房地产经纪信息的整理训练

训练目标：了解房地产经纪信息整理的意义，学会整理各类信息。

通过各种渠道获取的房地产经纪信息，其本身的内容、形式各种各样，这给查询、储存、利用带来了很大的难度，所以需要进行房地产经纪信息的加工整理。加工整理的程序通常包括登记、核验、筛选、分类、计算、比较、整理、编辑这几步。

1．房地产经纪信息的登记训练

(1) 对收集到的房地产经纪信息进行初次登记；

(2) 初选有用的经纪信息；

(3) 有用信息的第二次登记。

2．信息核验训练

(1) 核验原始资料来源是否可靠；
(2) 核验收集资料的方法是否正确；
(3) 核验各资料项目之间的关系是否清楚；
(4) 核验收集到的数据是否充分，各数据是否衔接。

3. 信息筛选训练
(1) 对原始信息进行取舍判断；
(2) 淘汰部分价值不大的信息；
(3) 确定保留哪些有用的信息；
(4) 确定哪些信息可以直接采用；
(5) 确定哪些信息需要进一步加工整理。

4. 信息分类训练
(1) 确定信息的分类体系；
(2) 按合理的体系进行归类、排序。

5. 相关的计算训练
(1) 对原始房地产信息采取一定的方法进行加工运算；
(2) 得出需要的新的数据。

6. 信息比较的训练
(1) 将收集到的房地产信息与所需要的房地产中介信息进行比较；
(2) 判断收集到的信息的质与量是否符合要求；
(3) 如果收集资料不符合要求，则应该进行补充收集和进一步的分类整理。

7. 信息整理的训练
(1) 用推理、判断分析和归纳的方法对房地产信息进行定性研究；
(2) 从资料中探索新的有指导意义的房地产信息。

8. 信息的编辑训练
(1) 对加工整理的房地产信息用文字、图片、表格形式系统规范地记载，其中表格是最常见的一种；
(2) 常见的统计表格填写模拟训练（表1-2～表1-4）；

××市房地产资源统计表　　　　　　　　　　　　　　表1-2

楼盘名称	户型	面积	单价	开发程度	居住密度	交易状况	抵押情况	规模	使用期限	竞争情况	其他情况	调查日期
楼盘1												
楼盘2												
……												
……												

××市房地产出租市场统计表　　　　　　　　　　　　表1-3

出租地区	出租面积	现时租金	房屋类型和等级	屋内设备状况	环境条件	空房率	影响出租的最大因素	房东	调查日期
……									
……									
……									
……									

7

房地产出售市场统计表   表 1-4

楼盘名称	出售数量	结构类型	成交期	成交价格	成交额	成交条件	出售时房龄和状况	消费者资料	调查日期
……									
……									
……									
……									

(3) 以房地产经纪机构对本机构业务类信息的整理采取表格形式，可分为日报表、周报表、月报表等。

> 特别提示：来人登记表是客户资料中最重要的报表

第三节 房地产经纪信息的计算机管理系统实训

项目一：对房地产经纪信息计算机管理系统的认识

训练目标：使学生认识和了解房地产经纪信息计算机管理系统的作用。

1. 房地产中介公司使用计算机对信息进行管理的原因

房地产中介公司每天都接到大量的房源和客户信息，并且每天都需要对这些信息进行查询、跟进，很难想象成千上万条房源如何用纸张或黑板来记录。计算机系统在保存大量资料方面有着其固有的优势，在资料查询方面还具有准确、方便、快捷的特点，同时，计算机系统可以通过数据备份和恢复的方式来保证数据的安全性。目前有专业的房地产中介软件可以提供房源客源管理、跟进管理、加密房管理、任务分派、广告管理、业务交流、成交业绩等管理功能。

2. 使用房地产中介软件之前的准备工作

(1) 独立门店单机使用：电脑一台，安装好 Windows + Office 软件。

(2) 独立门店局域网使用：电脑多台，一台为服务器，其他为客户端，使用的网络协议是 TCP/IP，所有客户端电脑在［网上邻居］中都可以查看到服务器的共享文件夹。

(3) 多个门店联网使用：①如同第（2）项所述每个门店都配置好各自的局域网；②多个门店联网交换时必须指定一个门店（或总部）作为数据中心，作为数据中心的机构必须是 ADSL 上网，或者能够获得外部 IP 的其他宽带上网方式，其他机构可以通过互联网访问到数据中心；③数据中心之外的各个门店的服务器都必须配置有 ADSL 或 Modem 能够拨号上网。

3. 房地产中介公司建立了网站，为什么还需要业务管理软件？

许多中介公司已经拥有公司网站，对外发布自己的房源信息，树立企业形象。而中介业务管理软件则主要基于公司内部管理，包括房源、客源、跟进、成交、任务、计划、统计等企业的日常经营管理。目前，深圳、广州、上海的大中型中介公司都同时拥有两套系统：在"网上"通过网站向外发布房源信息，在"网下"通过业务管理软件来进行公司的日常经营管理，两者相辅相成，共同构建企业的信息化系统。

项目二：房地产经纪信息计算机管理系统实例——房友中介软件

训练目标：学生通过上网浏览房友中介软件网站，了解系统构成与功能、特点。

1. 房友中介软件网络结构图（图1-4）。

图1-4　房友中介软件网络结构图

2. 房友软件功能说明——房源部分（图1-5）

图1-5　房友软件功能网页

3. 房友中介软件功能（表1-5）

房友中介管理软件功能　　　　　　　　　　　表 1-5

1	房源管理	
1.1	房源信息	登记出租出售房源信息，包括房源基本情况、配套设施、交易类型、委托方式、佣金方式、业主资料、归属业务员、加密客公开房等。业务员可以通过楼盘名称的拼音缩写或各种条件组合快速查询到所需房源
1.2	跟进记录	业务员定期与业主联系，取得房源的最新信息，包括价格变化、配套变化、售租情况等。便于经理管理业务员的活动量
1.3	跟进任务	经理可在房源列表中选择要分配跟进任务的房源，指定执行任务的业务员、执行日期、任务说明等，批量（逐条）生成跟进任务。业务员可以查阅自己的跟进任务安排，根据经理指示对业主进行跟进，登记跟进记录。经理可以随时查阅业务员的任务完成情况
1.4	广告管理	用户可在房源列表中选择要上广告的房源，逐条或批量地生成广告记录，登记其上广告发布日期、发布媒体、期号等，通过设置其［已发布］标志记录其是否已经发布，还是待发布状态
1.5	合同记录	若房源已成交，业务员登记合同记录，输入相应买家（租客）信息、佣金信息，修改房源的状态为已售（已租）
1.6	收佣记录	财务部门根据合同记录，向业主和客户收取中介费用，记录每一笔收佣情况，可进行到款统计
2	客源管理	
2.1	客源信息	登记求租求购客源信息，包括客户基本资料、需求情况、交易类型、委托方式、佣金方式、归属业务员、加密客公开客等。业务员可以通过楼盘名称的拼音缩写或各种条件组合快速查询到所需客源
2.2	跟进记录	业务员定期与客户联系，取得客户的最新信息，包括出价变化、需求变化、是否成交等。便于经理管理业务员的活动量
3	业务动态	
3.1	业绩排行榜	对业务员指定时间内的房源开发情况、跟进情况、成交情况和实际到款情况进行统计分析，可以报表、柱状图、饼状图等形式显示，供经理分析业绩和业务员相互勉励之用
3.2	经理点评	根据业务员的表现，经理可以定期发表一些评论，提出工作指导，表扬业绩好的业务员，激励士气
3.3	新闻公告	发表公司的公告通知等信息，还可以摘录行业新闻、文章评论等有参考意义的信息供员工阅读
3.4	常见问题	公司的业务知识库，对在业务过程中经常遇到的问题，由经理或经验比较丰富的业务员做出解答，供其他业务员学习参考
3.5	员工论坛	供业务员进行自由沟通，业务员可以发表帖子、回复帖子等
4	实用工具	
4.1	电子考勤	员工每天第一次登录系统时，系统将自动记录其上班时间，显示提前或迟到信息，并登记到电子考勤簿中，供管理人员查阅和处理
4.2	电子地图	电子地图库，用户可以根据需要自行扫描添加所需地图或房源照片供业务员查阅，并可将楼盘字典在电子地图上进行定位。系统已经配套提供深圳市的电子地图
4.3	提成计算器	公司设定的多级业务员提成比例，根据业务员的实际到款金额判断落入哪个级别，然后再分别计算出应提成金额

续表

4 实用工具		
4.4	贷款计算器	根据客户购买房屋面积、单价、贷款成数和贷款期限,快速计算房屋总价、首期付款额、贷款总额和月还款金额等。可以根据国家政策调节贷款利息参数和契税、印花税比率
4.5	黑名单管理	将竞争对手的电话号码记录到[黑名单]中,下次若有嫌疑来电,可立即到黑名单中查询,以采取相应措施,避免泄露信息
4.6	加密房转公开房	将指定业务员或整个业务部门的加密房转为公开房
4.7	业务员转移房源	将指定业务员的房(客)源全部转给另一位业务员,一般在处理业务员离职时使用
5 业务设置		
5.1	组织机构	设置公司的部门层次结构,支持多级部门组织。在各个部门中添加员工,登记其个人基本信息。按查询、修改、增加、删除等多层权限针对各个功能模块向各操作人员进行授权,明确不同部门、不同职位的工作责任和操作权限,以保证数据的保密性和系统运行的安全
5.2	城市片区	系统在地理范围上按[城市→城区→片区→楼盘]进行区域层次划分,系统已预设好城市和城区数据,本功能可进行片区设置
5.3	楼盘字典	为便于以后录入房(客)源信息,必须预先设置好楼盘字典,即将业务区域中的所有楼盘的名称及其阁栋资料预先录入到系统中,以后业务员录入房(客)源信息时只需要点击选择即可,大大减少录房工作量,并可避免一盘多名,造成查询统计错误
5.4	物业参数	系统已设置好常用的物业参数,包括楼盘参数如楼盘用途(住宅、写字楼等)、类型(多层、高层等),交易参数如佣金方式(给佣、不给佣)等等,用户使用此功能可自行添加所需参数
6 系统设置		
6.1	显示设置	个性化设置,操作人员可以选择设置自己的系统启动界面、显示资料周期、是否定时屏幕保护等
6.2	重新登录	在不退出系统的情况下,可以直接更换操作员,方便不同操作权限的操作员使用系统
6.3	修改密码	用于操作员更改自己的系统登录密码
6.4	操作日志	查看所有用户对系统的操作历史记录
7 数据管理		
7.1	数据库连接	客户机与数据库服务器必须保持正常连接,该功能用于测试两者之间的连接状态,并保存连接参数
7.2	备份与恢复	用于数据的定期备份和恢复,避免由于电脑故障造成数据丢失,同时系统可以按照用户定义的时间周期自动备份
7.3	数据库修复	提供给管理员使用的数据库修复工具,可直接执行标准SQL的数据库操作语句,请在开发商协助下使用
7.4	注册码登记	用于登记正版用户的产品注册码
8 数据交换		
8.1	手动数据交换	用于网点和公司总部之间通过调制解调器交换业务数据和管理数据。由网点管理员手工启动数据交换程序

续表

8 数据交换	
8.2 自动数据交换	用于网点和公司总部之间通过调制解调器交换业务数据和管理数据。由系统定时自动启动数据交换程序，启动时间由管理员设定
8.3 数据交换设置	在使用"手动数据交换"或"自动数据交换"功能之前，需在此设定公司总部和各网点之间的数据交换模式
8.4 数据交换日志	查看所有网点与数据中心的交换历史记录

复 习 思 考 题

1. 上网收集本地知名房地产经纪公司的相关信息。

2. 了解本城市某区域或某街道的房地产经纪公司的分布情况，了解各公司房地产租售交易情况。

第二章 房地产市场调查

理论内容
- 房地产市场调查的内容
- 房地产市场调查的程序
- 房地产市场调查的方法
- 房地产市场调查问卷设计技巧
- 房地产市场调查报告的撰写方法

实操内容
- 房地产市场调查实训
  项目一：住宅需求市场调查
  项目二：竞争对手（楼盘）调查

第一节 房地产市场调查的内容与方法

一、房地产市场调查的内容

房地产市场调查包括房地产市场环境调查、房地产市场需求调查、房地产市场供给调查和房地产市场营销活动调查四个方面。

（一）房地产市场环境调查

1. 政治法律环境调查

（1）各级政府有关房地产开发经营的方针政策。如用地政策、土地定级及房地产价格政策、房改政策、开发区政策、房地产税收政策、房地产金融政策、人口政策和产业发展政策等。

（2）各级政府发展规划、土地使用规划、城市规划等。

（3）政府有关法律法规，如环境保护法、土地管理法、城市房地产管理法、广告法等。

（4）政局的变化。包括国际和国内政治形势变化、政府的重大人事变动等。

2. 经济环境调查

（1）国家、地区或城市的经济特点。包括经济发展规模、趋势、速度和效益。

（2）国民经济产业结构和主导产业。

（3）项目所在地区的对外开放程度和国际经济合作的情况，对外贸易和外商投资的发展状况。

（4）项目所在地区的经济结构、人口及其就业状况、就学条件、基础设施情况、地区内的重点开发区域、竞争情况。

(5) 居民收入水平、消费构成和消费水平。
(6) 利率水平、获取贷款的可能性及预期的通货膨胀率。
(7) 物价水平及通货膨胀。
(8) 与特定房地产开发类型和开发地点相关因素的调查。

3．社会文化环境调查
(1) 城镇居民职业结构、接受教育的程度、文化素养等。
(2) 家庭人口数及组成。
(3) 居民家庭生活习惯、审美观念及消费价值取向等。
(4) 消费者民族与宗教信仰、社会习俗等。

4．社区环境调查
社区环境调研包括社区繁荣程度、购物条件、文化氛围、居民素质、交通和教育的便利性、安全保障程度、卫生状况、水源质量及人文景观等方面。

(二) 房地产市场需求调查

1．房地产消费者数量调查
(1) 房地产消费者对某类房地产的需求总量、房地产市场需求发展趋势。
(2) 调研当前与潜在消费者数量及结构，如地区、年龄、民族特征、性别、文化背景、职业、宗教信仰等。
(3) 消费者的经济来源和收入水平。
(4) 消费者的实际支付能力。
(5) 消费者对房地产质量、价格、服务等方面的需求和意见等。

2．房地产消费者动机调查
主要包括消费者的购买愿望、影响消费者购买动机的因素和消费者购买动机的类型等。

3．房地产消费者行为调查
(1) 消费者购买房地产商品的数量和种类。
(2) 消费者对房屋设计、价格、质量及位置的要求。
(3) 消费者对本企业房地产商品的信赖程度。
(4) 房地产商品购买行为的主要决策者和影响者情况等。

(三) 房地产市场供给调查

1．房地产市场行情调查。主要包括以下内容：整个地区房地产市场现有的供给总量、供给结构、供给变化趋势、市场占有率；房地产市场的销售状况与销售潜力；房地产市场产品的市场生命周期；房地产产品供给的充足程度、房地产企业的种类和数量、是否存在着市场空隙；同类房地产企业的生产经营成本、价格、利润的比较；整个房地产产品价格水平的现状和趋势，客户能接受的价格；新产品定价及价格变动幅度等。

2．现有房地产租售客户和业主对房地产的环境、功能、格局、售后服务的意见，以及对房地产产品的接受程度。

3．新技术、新产品、新工艺、新材料的出现及其在房地产业的应用情况。

4．建筑设计及施工企业的有关情况。

(四) 房地产市场营销活动调查

1. 房地产市场竞争情况调查
(1) 竞争企业的数量、规模、实力状况。
(2) 竞争企业的房地产能力、技术装备水平和社会信誉。
(3) 竞争企业所采用的市场营销战略、策略及新产品的开发情况。
(4) 对房地产企业未来市场竞争情况的分析、预测。
对竞争房地产的调研主要包括以下内容。
(1) 竞争房地产的设计、结构、质量、服务状况。
(2) 竞争房地产的市场定价。
(3) 竞争房地产的市场占有率。
(4) 消费者对竞争产品的态度和接受情况。
2. 房地产价格调查
(1) 影响房地产价格变化的因素，尤其是国家价格政策对房地产企业定价的影响。
(2) 房地产市场供求情况的变化趋势。
(3) 房地产商品价格需求弹性和供给弹性的大小。
(4) 不同的价格策略和定价方法对房地产销售的影响。
(5) 国际、国内相关房地产市场的价格。
(6) 所在城市及街区房地产市场价格。
3. 房地产促销调查
(1) 房地产企业促销方式，促销方式的比较、选择。
(2) 房地产广告的时空分布及广告效果评价。
(3) 房地产广告媒体使用情况的调查。
(4) 房地产商品广告计划和预算的制定。
(5) 房地产广告代理公司的选择。
(6) 促销人员的配备状况。
(7) 各种营业推广活动的租售绩效。
4. 房地产营销渠道调查
(1) 房地产营销渠道的选择、控制与调整。
(2) 房地产市场营销方式的采用情况及其发展趋势。
(3) 销售代理商的数量、素质及其租售代理的情况。
(4) 房地产租售客户对租赁代理商的评价。
房地产市场调查还需对某一具体开发项目和地点进行较为详细的调查。由于不同类型和规模的房地产开发项目所面对的市场范围有较大的差异，因而房地产市场调查的内容也有较大的差异。

二、房地产市场调查的程序

通常，一项正式调查可分为调查准备、调查实施和分析总结三个阶段。
1. 准备阶段
(1) 提出问题，明确目标。
(2) 初步情况分析和非正式调查。

(3) 制定调查方案和工作计划，拟订调查计划。房地产市场调查计划如表 2-1 所示。

房地产市场调查计划表　　　　　　　　　　表 2-1

项　目	内　容
调查目的	为何要做此调查，需要了解些什么，调查结果有何用途等
调查方法	采用询问法、观察法或实验法等
调查区域	被调查者居住地区、居住范围等
调查对象、样本	对象的选定、样本规模等
调查时间、地点	调查所需时间、开始日期、完成日期、地址等
调查项目	访问项目、问卷项目（附问卷表）、分类项目等
分析方法	统计的项目、分析和预测方法等
提交调查报告	报告书的形式、份数、内容、中间报告、最终报告等
调查进度表	策划、实施、统计、分析、提交报告书等
调查费用	各项开支数目、总开支额等
调查人员	策划人员、调查人员、负责人姓名和资历等

2．实施阶段
（1）建立调查组织。
（2）收集第二手资料。
（3）收集第一手资料。
3．分析和总结阶段
（1）数据的分析与解释。
（2）编写调查报告。
（3）对调查活动进行总结。

三、房地产市场调查的方法

房地产市场调查的常用方法有访谈调查、书面调查、电话调查、网络调查、观察调查等。

（一）访谈调查

即调查者与被调查者面对面地询问有关问题，现场记录所需要资料的一种调查方法，可以采取走出去、请进来、召开座谈会等多种形式进行。访谈时可以采用自由交谈，或根据事先拟定的调查提纲或调查表提问。根据调查人员数目多少，访谈调查分为座谈会和个别深入访问两种形式。个别深入访问适用于内容较简单的调查，座谈会则适用于调查比较复杂的问题。

访谈调查法的适用范围：
1．调查对象的范围小，问题相对集中。
2．所调查的问题较为复杂，需做深入的探讨。

3. 调查任务紧迫，没有事先拟定调查问卷。

4. 需要调查的问题，不仅仅只是了解一般的态度和倾向，而且需要进一步了解消费者思想感情和生活方式时，必须进行面对面的交流。

（二）书面调查

书面调查有邮寄调查和留置问卷调查两种调查方式。邮寄调查是调查人员将设计好的调查问卷或表格，邮寄给被调查人，要求被调查人填妥后寄回的一种调查方法。留置问卷调查是调查人员将调查表送到被调查者手中，并详细说明填写事项，由被调查者自己填写，再由调查人员定期回收的一种调查方法。

（三）电话调查

电话调查法是由调查人员根据事先确定的抽样原则抽取样本，打电话向被调查人询问、收集资料的一种调查方法。

（四）网络调查

网络调查是以互联网为基础，系统地进行市场信息的收集、整理、分析和研究的过程。网络调查的主要方式有 E-mail 法、Web 站点法、Net-meeting 法等。

（五）观察法

观察法是指调查人员通过观察被调查者的行为，收集资料信息或者是收集被调查者的行为痕迹的方法。利用观察法可以获得被调查者不愿谈论和无法提供的信息，能客观地获得准确性较高的第一手资料。观察法有直接观察法、实际痕迹测量法、行为记录法三种。

四、房地产市场调查问卷设计

问卷调查是房地产市场调查的重要内容。通过问卷调查，可以使开发商了解市场需求及消费者特征，问卷设计是问卷调查的重要环节，对调查质量有重大影响。

（一）问卷设计的程序

1. 确定调研目的。

2. 确定数据收集方法。确定采用人员访问、电话调查还是邮寄调查收集资料。

3. 确定问题回答形式。确定采用开放式问题、封闭式问题还是量表应答式问题的设计方式。

4. 决定问题的措辞。需考虑用词和用语，考虑应答者回答问题的能力和回答问题的意愿。

5. 确定问卷的流程和编排。主要是应注意问题的逻辑性。

6. 评价问卷和编排。检查问题是否必要、问卷是否太长、问卷是否回答了调研目标所需的信息、开放试题是否留足空间等问题。

7. 获得各相关方面的认可。

8. 预先测试和修订。问卷获得管理层的认可后，应进行预先测试。预先测试应当以最终访问的相同形式进行。

9. 准备最后的问卷。

10. 实施。

（二）调查问卷的构成

调查问卷一般由开头、正文和结尾三部分构成。

问卷的开头主要包括问候语、填表说明和问卷编号。问候语应该亲切、诚恳、有礼貌，并说明调查的目的、调查者身份、保密原则及奖励措施，以消除被调查者的疑虑，激发他们的参与意识。填表说明主要在于规范和帮助受访者对问卷的回答，可以集中放在问卷前面，也可以分散到有关问题之前。问卷编号主要用于识别问卷、访问员、被访者地址等，可用于检查访问员的工作，防止舞弊行为，便于校对检查、更正错误。

问卷的正文一般包括资料收集和被访者的基本情况两个部分。收集资料部分是问卷的主体，也是使用问卷的目的所在。其内容主要包括调查所要了解的问题和备选答案。这部分是问卷设计的重点。调查者的有关背景资料也是问卷正文的重要内容之一。被调查者往往对这部分问题比较敏感，但这些问题与研究目的密切相关，必不可少，如个人年龄、性别、文化程度、职业、职务、收入等，家庭的类型、人口数、经济情况，单位的性质、规模、行业等，具体内容要依据调查者先期的分析设计而定。

问卷的结尾常设置开放题，征询被调查者的意见、感受，或是记录调查情况，也可以是感谢语以及其他补充说明。

(三) 问卷设计的技巧

1. 问卷设计问题时应该注意的几个问题

问卷中的语句表达要简明、生动，注意概念的准确性，应该注意：

(1) 避免含糊不清的字眼。在问卷中应少出现"很久"、"经常"、"最近"之类的词。比较"您最近是否有去看楼?"和"您最近一个月是否有去看楼?"就能明确这一点。

(2) 避免专业术语和缩略词。专业术语和缩略词易造成被访者理解上的困难而无从回答，给调查工作带来不良影响。

(3) 避免使用双重否定的问题。虽然双重否定即为肯定，但是人们还是习惯肯定的语气。

(4) 避免带有导向性的问题。如"大部分人认为应该配备主人套房，您同意吗?"

(5) 注意提问的顺序。一般来说，提问的内容应该先易后难，排在前面的问题是被访者最容易回答且最为关心的问题，同时，作为调查核心的问题也应该放在前面；专业性强的问题和敏感性问题，应该尽量放在后面；封闭性问题放在前面，开放性问题放在后面。

(6) 避免提断定性的问题。例如，"您打算什么时候买房子?"

这种问题即为断定性问题，被访者如果根本不打算买房子，就无法回答。正确的处理办法是在此问题前加一条"过滤"性问题，即"您有买房子的打算吗"？如果被访者回答"有"，可继续提问，否则就可终止提问。

(7) 避免一问多答。一问多答的问题要求被访者用一个答案来回答多个相关的问题，常常会使被访者不知如何作答，也会给统计工作带来困难。因此一个问句最好只问一个要点。例如，"您家人是否使用公共交通工具外出?"

这就使那些家里只有一部分成员使用公共交通工具的人无法回答"是"或"否"。防止出现此类问题的办法是分离问句中的提问部分，使得一个问句只问一个问题。

(8) 避免敏感性问题。对于敏感性问题，被访者往往出于本能的自卫心理，容易产生种种顾虑，不愿回答或不予真实回答，而且还会引起被访者的反感，问卷中应尽量避免。如果有些问题非问不可，应考虑回答者的自尊心，尽量注意提问的方式、方法和措词。

(9) 拟定问句要有明确的界限。对于年龄、家庭人口、经济收入等调查项目，通常会产生歧义的理解，如年龄有虚岁、周岁，收入是仅指工资，还是包括奖金、补贴、其他收入在内，如果调查者对此没有明确的界定，调查结果也很难达到预期要求。

2．问句答案设计技巧

问句的答案设计，是问卷设计的重要组成部分，特别是在封闭式问题中，其答案的设计必须经过多方面周密细致的考虑。

(1) 问卷设计的基本方法。

二项选择法。指提出的问题仅有两种答案可以选择。如"是"或"否"，"有"或"无"等。这两种答案是对立的、排斥的，非此即彼。这种方法易于理解，可迅速得到明确的答案，便于统计处理，分析也比较容易，适用于互相排斥的两择一式问题及询问较为简单的事实性问题。

多项选择法。多项选择法是指对所提出的问题事先预备好两个以上的答案，被访者可任选其中的一项或几项。例如，"您认为住宅的最重要条件是什么？"①质量②宽敞③舒适④方便⑤安静⑥美观⑦气派⑧其他。由于所设答案不一定能表达出被访者所有的看法，所以在问题的最后通常可设"其他"项目，以便使被访者表达自己的看法。

采用这种方法时，设计者要考虑以下两种情况：一是要考虑到全部可能出现的结果，以及答案可能出现的重复和遗漏；二是要注意选择答案的排列顺序。这种多项选择答案一般应控制在8个以内。

顺位法。顺位法是列出若干项目，由被访者按重要性决定先后顺序。这种方法适用于对要求答案有先后顺序的问题。例如，"请对下面列出的五类房地产广告排序：①电视广告②报纸广告③广播广告④路牌广告⑤杂志广告"

按您接触的频率，由高至低排序：＿＿＿＿＿＿＿＿＿＿

按您的印象，由浅至深排序：＿＿＿＿＿＿＿＿＿＿

按您信任的程度，由大到小排序：＿＿＿＿＿＿＿＿＿＿

回忆法。回忆法是指通过回忆，了解被调查者对不同商品的质量、品牌等方面的印象的强弱。例如，"请您举出最近一个月在电视广告中出现过哪些楼盘的广告。"

调查时可根据被调查者所回忆品牌的先后和快慢以及各种品牌被回忆出的频率进行分析研究。

比较法。比较法是把若干可比较的事物整理成两两对比的形式，要求被测者进行比较并作出肯定回答的方法。这种方法适用于对质量和效用等问题作出评价。例如，"就房子本身而言，您认为下列每一对因素中哪一点比较重要？"（每对只选一个）

①外观设计　室内设计

②朝向　通风

③景观　采光

④工程质量　配套设施

(2) 答案设计时应注意的事项。

答案要穷尽。要将问题的所有答案尽可能列出，不至于因被调查者找不到合适的可选答案而放弃回答。

答案须互斥。一项问题所列出的不同答案必须互不相容，互不重叠，否则被调查者可能会作出有重复内容的双重选择，对资料的整理分析不利，影响调查效果。例：

"您平均每月支出中，花费最多的是哪项？"

①食品 ②服装 ③书籍 ④报纸杂志 ⑤日用品 ⑥娱乐 ⑦交际 ⑧饮料 ⑨其他

答案中食品和饮料、书籍和报纸杂志等都是包容关系。所以在答案设计时，一定要用同一标准在同一层次上分类，避免答案之间有交叉或包容的现象。

(3) 定距、定比问题的答案设计。不同的问题有不同的答案设计方法，在答案设计时，要根据研究的具体要求来决定用哪种形式的答案。

例如，在研究月收入或女士年龄时，因为消费者对这类问题较为敏感，通常采取定距或定比的答案设计。例如，您的月工资是：①2000元以下 ②2000～4000元（含4000元）③4000～6000元（含6000元）④6000元以上。设计这类答案，划分的档次不宜太多，且应将两端列为开口组，各档的数字应正好衔接，无重叠、中断现象。

(4) 注释和填答标记应恰当。一般在调查中，使用数字作为各项答案标记的较多，这样还可以起到问卷编码的作用。大规模的调查时，问卷设计最好给出如何在答案上做记号的范例。

(5) 避免问题与答案的不一致，即所提问题与所设答案应做到一致。例如，"您打算购买多大的房子？"①40m^2以下 ②50～80m^2（含80m^2）③80～100m^2（含100m^2）④100m^2以上 ⑤一房一厅 ⑥两房一厅 ⑦三房一厅。提问的是房屋大小，就只有在面积中加以选择，不能加上户型内容，否则会出现多余的或矛盾的选择。

五、房地产市场调查报告的撰写方法

调查报告的主要内容包括：

1. 调查目的、方法、步骤、时间等说明；
2. 调查对象的基本情况；
3. 所调查问题的实际材料与分析说明；
4. 对调查对象的基本认识，作出结论；
5. 提出建设性的意见和建议；
6. 统计资料、图表等必要附件。

房地产市场调查报告的结构多种多样，没有固定的格式，一般由导言、主体、建议与附件组成。导言部分介绍调查课题的基本状况，是对调查目的的简单而基本的说明；主体部分应概述调查的目的，说明调查所运用的方法及其必要性，对调查结果进行分析并进行详细说明；附件部分是用来论证、说明主体部分有关情况的资料，如资料汇总统计表、原始资料来源等。

撰写调查报告应做到：

1. 客观、真实、准确地反映调查成果；
2. 报告内容简明扼要，重点突出；
3. 文字精练，用语中肯；
4. 结论和建议应表达清晰，可归纳为要点；
5. 报告后应附必要的表格和附件与附图，以便阅读和使用；
6. 报告完整，印刷清楚美观。

第二节 房地产市场调查实训

在不同的房地产开发阶段,消费者调查的内容侧重点有所不同,常见的消费者调查有消费需求与意向调查、消费者满意度调查、楼盘竞争情况调查等,针对不同的调查对象,如住宅、写字楼、商铺,消费者调查的内容又有所区别,这里以最常见的消费者住宅需求市场调查和竞争楼盘为例进行实训。

项目一:住宅需求市场调查

训练目标:使学生掌握住宅需求市场调查的内容,熟悉市场调查的程序和步骤,会根据选定的主题设计调查问卷,并初步具备市场调查的组织和实施能力,学习撰写市场调查报告。

实训步骤:确定调查主题、调查时间、调查方式与调查范围——学生分组拟定调查计划——分组设计调查问卷——分组外出实施调查——调查资料汇总、整理、分析——撰写调查报告——总结

1. 调查主题

城市或城市某区域住宅市场需求情况调查,主要采用问卷调查的方式,要求学生能够收集到以下几个方面的信息。

(1) 被访者目前的居住状况及对购房的预期。

(2) 被访者对购房地段、面积、价格、户型、付款方式、环境、物业管理等期望。

(3) 被访者个人基本资料。

2. 调查时间确定与安排

按表2-1的格式填写完成。

3. 学生分组(3~4人一组)

按照表2-1拟定的调查计划,明确调查目的,确定调查范围,具体分配调查时间,确定调查方式方法。统一要求学生以问卷调查法为主进行调查,自行设计调查问卷,训练学生问卷设计的方法与技巧。

4. 组织实施市场调查

各组按照调查计划到选定区域进行问卷调查,注意访问人员调查的语气和态度,并及时做好记录。

5. 调查资料的汇总与整理

归纳相关信息,在小组讨论的基础上进行资料的分析,总结调查结果。

6. 撰写调查报告

按照调查报告编写的体例和注意事项,将调查结果清晰准确地用文字表述,并适当配以一定数量的图表更清晰地反映各种数字关系、比例关系,重要的数据或其他资料则以附件形式附在调查报告之后。

7. 市场调查经验总结

各组总结市场调查的经验,交流信息,检查存在的不足,以不断改进。

附1：住宅需求市场调查问卷设计示例

住房需求市场调查

问卷编号：_____ 访问员：_____

督导	复核	编码	录入

尊敬的先生/女士：

您好！我是_____公司的访问员，目前正在进行一项居民住房需求与消费方面的情况调查。现在想就这方面的话题问您几个问题，并希望以此建立起彼此之间的信息沟通与联系。您的回答无所谓对错，只要是您真实的想法，都会对我们有很大的帮助。我们将对您的回答严格保密，请不必有任何顾虑。谢谢您！

访问员记录部分：

被访人姓名：_____ 电话：_____

地　　　址：_____

访问时间：____年____月____日____时____分至____时____分

访问地点：_____

访问员保证：我忠实地按照公司要求进行作业，如有欺骗，愿意赔偿公司损失，并承担由此引起的全部责任。

访问员签名：_____

甄别部分

S1. 请问您本人或家人是否在以下单位工作（访问员读出选项）？

1. 房地产开发公司_____若有，终止访问；
2. 房地产中介代理/市场研究机构_____若有，终止访问；
3. 以上都没有_____继续访问。

S2. 请问您最近是否打算购房？

1. 是_____终止访问
2. 否_____继续

正式问卷（可针对不同调查对象将以下各部分拆分提问）

一、住房现状

1. 你现在的住房户型是_____
   A. 两房　　　　B. 三房　　　　C. 四房　　　　D. 其他

2. 您现在住房建筑面积是_____
   A. 70m² 以下
   B. 71~90m²（含90m²）
   C. 91~110m²（含110mm²）
   D. 111~130m²（含130m²）
   E. 130m² 以上

3. 你现在的住房来源是_____

A. 商品房　　　　　　B. 自租房　　　　　　C. 单位福利分房　　　D. 购买的微利房

4. 你现在住在广州哪个区？

A. 天河　　　　　　　B. 海珠　　　　　　　C. 东山　　　　　　　D. 荔湾

E. 芳村　　　　　　　F. 越秀　　　　　　　G. 黄埔　　　　　　　H. 白云

I. 番禺　　　　　　　J. 花都

二、住房需求

5. 您的购买目的是_____

A. 自住　　　　　　　B. 投资　　　　　　　C. 给亲友住

6. 您在购房时最关注的因素是（限选4项）

A. 位置　　　　　　　B. 价格　　　　　　　C. 交通　　　　　　　D. 配套设施

E. 物业管理　　　　　F. 户型　　　　　　　G. 小区规模及发展趋势

H. 房屋质量　　　　　I. 周边环境

7. 若购买商品房，拟选购什么户型？_____

A. 单身公寓　　　　　B. 二房二厅　　　　　C. 三房两厅　　　　　D. 四房二厅

E. 复式　　　　　　　F. 其他

8. 你若购买商品房，打算购买多大面积的房子？_____

A. 60~69m²　　　　　B. 70~79m²　　　　　C. 80~89m²　　　　　D. 90~99m²

E. 100~109m²　　　　F. 110~119m²　　　　G. 120~129m²　　　　H. 其他

9. 你打算购买的住宅类型是_____

A. 高层住宅（15层以上）　　　　　　　B. 小高层住宅（8~15层）

C. 多层住宅（7层以下），有电梯　　　 D. 多层住宅（7层以下），没有电梯

10. 请您排出对住宅朝向的偏好顺序_____

A. 南北对流　　　　　B. 朝南　　　　　　　C. 朝北　　　　　　　D. 东西向

E. 朝西

您最喜欢_____，其次是_____，最不喜欢_____。

11. 您打算购买的地区首先是_____，其次是_____，再次是_____。

A. 天河　　　　　　　B. 海珠　　　　　　　C. 东山　　　　　　　D. 荔湾

E. 芳村　　　　　　　F. 越秀　　　　　　　G. 黄埔　　　　　　　H. 白云

I. 番禺　　　　　　　J. 花都

12. 你希望所购买的住宅装修标准如何？_____

A. 毛坯房　　　　　　B. 一般装修　　　　　C. 豪华装修

D. 发展商提供多种装修套餐供选择

13. 你的厨房打算放置哪些电器？_____

A. 冰箱　　　　　　　B. 消毒碗柜　　　　　C. 微波炉　　　　　　D. 洗碗机

E. 热水器

14. 你理想的客厅有多大面积？_____

A. 10~15m²　　　　　B. 16~20m²　　　　　C. 21~25m²　　　　　D. 26~30m²

E. 30m² 以上

15. 您理想的主卧室是多大面积？_____

A. 8~10m² B. 11~12m² C. 13~14m² D. 15m² 以上
16. 您喜欢的阳台设计是_____
A. 传统式 B. 落地玻璃阳台 C. 封闭式阳台 D. 其他（请注明）
17. 您对阳台的需求是_____
A. 一个 B. 两个 C. 两个以上
18. 您对卫生间的需求是_____
A. 一个 B. 两个 C. 两个以上
19. 您在购房时希望单独设立_____
A. 儿童房 B. 书房 C. 工人房 D. 家庭办公房
20. 你若购买商品房，您能接受的总价为_____
A. ≤30万元 B. 31~45万元 C. 46~60万元 D. 61~75万元
E. 76~90万元 F. 90万元以上
21. 您在购房时所接受的价格是_____
A. 3000~4000元/m² B. 4001~6000元/m² C. 6001~8000元/m²
D. 8001~10000元/m² E. 10001元/m²以上
22. 你希望住宅每层户数_____
A. 1~2户 B. 3~4户 C. 5~6户 D. 无所谓
23. 您在购房时希望选择_____
A. 现房 B. 期房
24. 您购房时希望选择哪种付款方式_____
A. 一次性付款 B. 分期付款 C. 银行贷款

三、个人资料

25. 性别（由访问员自己填写）_____
A. 男 B. 女
26. 请问您的年龄
A. 20岁以下 B. 21~30岁 C. 31~40岁 D. 41~50岁
E. 51岁以上
27. 您的学历是_____
A. 大专以下 B. 大专 C. 大学 D. 硕士
E. 博士
28. 您的工作单位是
A. 企业单位 B. 事业单位 C. 国家机关 D. 外企单位
E. 私营企业单位 F. 其他 G. 无
29. 您的职业（或职务）是
A. 国家机关中高级干部 B. 国家机关一般工作人员
C. 国企中高级干部 D. 国企一般职员
E. 外企高级职员 F. 外企一般职员
G. 私企老板 H. 文体工作者
I. 教师 J. 律师

K. 医生 L. 自由职业者
M. 其他
30. 您的家庭年收入为
A. 2~4万元　　B. 4~6万元　　C. 6~10万元　　D. 10~30万元
E. 30万元以上
31. 您现在月均收入为
A. 2000元以下　　B. 2001~3000元　　C. 3001~4000元
D. 4001~6000元　　E. 6001~8000元　　F. 8000元以上

——谢谢接受访问，赠送礼品

访问员记录部分
32. 受访者的理解程度
A. 理解　　B. 一般　　C. 不理解
33. 受访者的合作态度
A. 合作　　B. 一般　　C. 不合作

附2：评价调查问卷的标准

1. 问卷能否提供必要的决策信息

问卷中所有的题目都应和研究目的相符合，必须完成所有的调研目标，以满足信息需要。

2. 是否考虑到应答者

问卷应该简洁、有趣、具有逻辑性并且方式明确。同时，问卷设计者要考虑主题和受访者的类型，还要考虑访问的环境和问卷的长度，且使问卷适合于应答者。

3. 是否满足编辑和数据处理的需要

编辑是指检查问卷以确保按跳问形式进行，需要填写的问题已经填好。问卷必须有利于方便快捷地编辑和检查完成的问卷，并容易进行编码和数据输入。

4. 问卷是否服务于管理者

问卷所收集的资料，要易于列表和解释，同时，它必须易于管理，方便记录。

5. 问卷的指导语或填答说明要清楚

使填答者不致有错误的反应。

项目二：竞争对手（楼盘）调查

训练目标：使学生掌握竞争对手（楼盘）的主要内容，进一步熟悉市场调查的程序和步骤，具备市场调查的组织和实施能力，并具有一定的分析能力，学习撰写市场调查报告。

实训步骤：明确调查内容——学生分组制定调查表格——分组实地调查——调查人填写表格——分组进行资料汇总——分组进行资料统计——分组撰写调查报告

1. 调查主要内容

(1) 专业化程度；

(2) 品牌知名度；

(3) 开发经营方式；

(4) 楼盘质量；

(5) 成本状况；

(6) 价格策略；

(7) 与当地政府部门的关系；

(8) 竞争对手历年来的项目开发情况；

(9) 竞争对手的土地储备情况以及未来的开发方向及开发动态等。

2. 学生分组，确定调查范围

拟定竞争楼盘调查表。示例见附3——表2-2竞争楼盘调查表1。

3. 学生外出调查

填写相应的调查表格。

4. 调查结束

学生进行调查资料的整理、统计、分析，可参考附4——竞争楼盘调查表2进行被调查楼盘各因素的综合比较，总结竞争楼盘的排序。

5. 分组撰写调查报告

附3

竞争楼盘调查表1　　　　　　　　表2-2

楼盘名称		调查日期	
区 域		类 型	
地 点		售楼电话	
发展商/投资商		发展商电话	
承建商/设计单位		总建筑面积 m^2	
销售代理		占地面积 m^2	
物业管理		绿化面积 m^2	
按揭银行		车位	
最高按揭比例		容积率	
预售证号		首次推出时间	
小区规模			
配套设施			
装修标准			
楼宇设备			
外墙			
门窗			
内墙			
顶棚			
楼地面			
厨厕			

本期发售情况

本期栋名		展销地点	
展销地日期		展销会销售观察	
推出单位数目		参观人流（人/10min）	
最受欢迎单位		上次展销均价（元/m²）	
施工进度		本期交楼日期	
广告代理商	本周报纸广告量（万元）	当地日报	当地晚报	其他报纸	电视广告	电台广告	示范单位	专车
卖点特色								

售价资料

南向单元	定价（元/m²）	北向差价（元/m²）	单元售价	最高
高				最低
中			展销期优惠	
低			平均订价（元/m²）	
推出单位数目			展销期按揭均价（元/m²）	

付款方式

种类	一次性付款	银行按揭	分期付款	其他付款方式
折扣				
临时订金	手续费		物业管理费（元/m²/月）	

新推出详细数据

新推栋名	面积范围			新推面积			实用率
户型面积	单间	一房一厅	二房一厅	二房二厅	三房	四房以上	合计（套）
套数							
户型面积	59m² 以下	60~79m²	80~99m²	100~119m²	120~149m²	150m² 以上	
套数							

注：该调查表格式由广州《物业时代房地产资讯》提供。

附4：

竞争楼盘调查表2　　　　　　　　　　表2-3

项目名称 因素及权重	序号	楼盘名称	楼盘名称	楼盘名称	备注
位置	1				
价格	2				
配套	3				

续表

项目名称 因素及权重	序号	楼盘名称	楼盘名称	楼盘名称	备 注
物业管理	4				
建筑质量	5				
交通	6				
城市规划	7				
楼盘规模	8				
朝向	9				
外观	10				
室内布置	11				
环保	12				
发展商信誉	13				
付款方式	14				
户型设计	15				
销售情况	16				
广告	17				
停车位数量	18				
合 计					

附5：××市房地产市场调查报告

第一项 目标与思考点

一、目标

二、思考点

第二项 市场环境分析

××市房地产市场建设形势与趋势分析

一、本市经济环境分析

近年来，××市的经济、文化、商业得以快速发展。基础设施、环境绿化、道路规划等建设都得到政府的有力支持。××市房地产市场发展迅速，交易额年年翻番，房屋租赁市场发展也较快，房地产抵押增长迅猛，商品房开发建设也逐年上升（具体数据略）。

二、区域政治环境分析

近年来，××市在房地产市场的硬件建设、政策法规建设、队伍建设及市场管理方面采取了一系列行之有效的措施，并在国家有关政策支持下，××市采取一系列行之有效的措施来降低房地产开发成本，降低或取消有关税费，调节开发商利润，平抑房地产交易价格。近两三年来，××市房地产买卖价格、租赁价格基本稳定。

××市房地产行业竞争态势分析

（一）××市房地产市场的特点概述

1．中高档房投资过热，低档房供不应求

××市的房地产市场，新的一轮"圈地运动"正在进行，大面积，复式住宅项目并不为市场看好。大多数的开发商仍在一味地追捧高端市场，造成新的空置；而中低端市场则出现了明显供不应求的情况。房地产市场面临的结构性矛盾急需调整。

2．环境成为购房首选

调查显示，购房者对居住地的环境要求日益提高。认为城市环境污染太严重的占调查总体的60.9%，消费者已逐渐将目光投向新的视点，比如：环保问题、居住环境等，这些都直接影响着消费者购房的决策。针对××市人的住房新理念，使"环境能够赚钱"成了众多开发商的共识。他们进行小区方案设计时，便想方设法改善环境质量。环境较好楼盘的房价直线上升。如：××楼盘凭借容积率低、绿地面积大的优势，房价与市中心的精品楼盘价格不相上下。

3．下半年新盘供应数量将多于上半年

上半年××市楼市新盘相对沉寂。很多打算入市的项目鉴于各方面的考虑，上半年在规划、设计、环境等上面"磨内功"，以期能在下半年以一种别样的姿态"一鸣惊人"入市。从数量上看，计划在下半年开盘销售的新项目占地都在100～500亩；从项目的类型看，待开发楼盘的普通住宅小区比例较大；从分布的区域看，普通住宅主要集中在绿化带地区和边缘地带。

4．独立小高层存在很大的市场潜力

（二）××市潜在的房地产市场概要分析

2003年，××市商品房开发单位达40多家，商品房开发面积约230万m^2，目前已开盘发售的住宅建筑面积达20万m^2以上的大盘有……，而酝酿开发的潜在商品房、住宅小区有……还有一大批小规模小区或单体住宅楼的开发（名称略）。在××区域内已形成竞争格局。

1．格局配比、面积配比分析

××市目前发售的住宅套型中其格局设计均以二室二厅一卫、二室一厅一卫、三室二厅二卫为主导户型，其中二室二厅一卫所占比例较大（附表1、附表2、附表3），户型面积分配中多数楼盘采取多变化以满足客户之间的不同选择，以增强产品的抗风险性。从销售情况来看，户型面积在110m^2以内的小户型销售最快，存量房中绝大多数为140m^2以上大面积户型。

2．价格分析

从调查表中可以看出该区域内目前商品房多层、小高层住宅楼，期房销售平均单价为……，现房销售单价为……。根据××区域内潜在供给量、已形成的竞争趋势以及本市其他区域供给量的增加来推测，2003年下半年总体商品房住宅销售价格在该区域不可能出现上浮现象。

（三）项目开发的优势、劣势分析

1. 优势：××市独立小高层市场占有率很低，为5%左右。

2. 劣势：楼盘及开发商的知名度不高，是制约其迅速推向市场的不利因素之一。

（四）简要结论

1. 机会点

(1) ××市高新技术开发区启动将带来巨大市场需求。

(2) 本公司自身的开发优势。

(3) 本公司成熟的分销渠道及营销队伍。

2. 困难点

(1) 实力雄厚的开发商在竞争中占有优势，造成中小开发商楼盘营销推广的困难。

(2) 要想在激烈的竞争中立于不败之地，必须重新策划改造管理与运营模式，树立全新的公众形象，经过精心策划与创新推广，这需要一定的时间。

(3) 目标客户锁定范围小，存在难以找到目标客户的可能。

第三项 营销战略与策略

一、战略目标：创建××市高品质的精品楼盘

二、市场定位

从调查表中可以看出目前××区域××楼盘的大规模开发结合了优良的环境规划及超前的楼体、格局设计理念，精心打造欧陆式景观、智能化楼盘，迎合了购房者的现实购房需求倾向。其他小区及单体住宅楼从产品的差异程度来看均处于同质化，竞争激烈。该区域内现推商品房住宅楼盘中85%以上为多层，其余为小高层，目前高层商品住宅楼处于空白。

通过分析在××区域内高层商品住宅楼的开发项目目前实属空白，在该区域选择好地段开发高档高层住宅楼是有明显的竞争定位和产品定位。

三、策略原则

（一）主动营销体系与联合营销体系相结合

竞争造成的"买方市场"，决定了目前房地产市场必须实行主动营销体系而非守株待兔式的被动营销体系。这一点，我们将在后面的营销行动方案中一一落实。然而，仅有自身的主动营销还是不够的。在当今激烈的竞争面前，同时接纳可能联合营销的合作伙伴，建立自己的联合营销体系。

（二）概念美感营销与实景营销相结合

概念营销缺乏真实感和信任感，但却易于渲染、美化、提升、引导消费，可以创造"概念美感"和"概念神秘感"，并易于引发人们的向往，而又不暴露实物、实景的缺陷。

实景营销虽然会暴露难免的缺陷而产生可能的负面影响，但却能给人以身临其境的真实感、信任感，易于理解和接受。

将上述二者结合运用，创造炒作的题材，增加宣传的可信度。

四、其他

第四项　项目开发建议

未来两年内，××区域是××市房地产开发及销售的热点。

一、可以利用众多大盘的炒作，采取跟进策略，以少量的广告配合促销，截留客户。

二、定价策略以低开高走为宜，低价开盘吸引客户拉动销售势能，待知名度提高以后，价格梯度提高，开盘价格 1850~2250 元/m^2 宜。

物业管理费是公众对于高层的抗性之一，也是较为影响客户购买高层的最大顾虑之一，目前客户能够接受的收费在一元左右，高层低物业收费可作为卖点加以宣传。

附6：市场调查报告的评分标准

一、调查题目（5%）
1. 表意简明清楚。
2. 范围界定明确。

二、问题陈述（10%）
1. 依照问题陈述要点。
2. 了解问题和解决问题的价值。
3. 研究假设的验证。

三、文献探讨（5%）
1. 采用与研究主题相关的文献。
2. 系统分析文献。

四、研究方法与步骤（15%）
1. 调查设计详明。
2. 调查问卷编制适当。
3. 抽样方法与步骤得当。
4. 调查实施步骤无缺失。
5. 资料分析合理。

五、结果分析与讨论（35%）
1. 统计图表依据规格设计、简明扼要。
2. 结果解释合理、有价值。
3. 讨论与研究不一致的资料。

六、结论与建议（30%）
1. 结论是否摘述整个调查步骤和结果。
2. 结论与研究目的是否符合。
3. 结论是否有实际指导价值。

复 习 思 考 题

以了解所在城市房地产价格的分布情况为目的进行一次完整的市场调查。

第三章 房地产代理业务操作流程与实训

理论内容
- 房地产代理业务流程
- 商品房预售和销售的条件
- 商品房预售及鉴证过户的程序

实操内容
- 新建商品房销售代理实训

  项目一：房地产代理合同的填写训练

  项目二：模拟房地产销售资料的准备训练

  项目三：认购书填写训练

  项目四：销售队伍的组建训练

  项目五：销售现场准备训练

  项目六：模拟售楼

  项目七：与售楼情景相关的问题及回答模拟训练

  项目八：按揭款项的计算练习

  项目九：新建商品房产权证的办理实训

  项目十：顾客异议处理训练

第一节 房地产代理业务及商品房预售鉴证业务流程

一、房地产代理业务操作流程

根据服务的对象和内容的不同，可将房地产代理分为房屋买卖代理、房屋置换代理、房屋权属代理、房地产销售代理及房地产抵押代理等。房地产代理业务的来源有房地产开发商和个人委托两类，在目前我国房地产市场上房源充裕、房源信息易得的环境下，房产购买者委托经纪人处理代购房屋事宜和房产出售者、开发商委托经纪人或代理商处理其房产出售的有关事宜都已非常普遍。房地产代理工作的基本流程可以分为以下几个步骤：

（一）寻求代理委托

1. 房地产代理商为寻找代理业务，充分利用各种信息资源和关系收集有关代理业务，积极开拓服务领域，使自己的业务来源更加宽广。例如通过土地出让市场获取有关开发项目的信息，通过客户介绍联系、向服务过的客户寻求继续合作的机会，从市场上一些销售遇阻的楼盘中获得机会，等等。

2. 从中筛选出可能需要代理服务的开发商的名单。这些开发商的项目可能市场前景看好，但是否能够形成委托关系，还有赖于诸多因素的影响，例如代理商自身的能力和代理经验、自身专长、代理项目的代理条件是否苛刻、开发商对代理服务的态度等。

3. 深入了解开发商的项目情况、目前销售情况、开发商有无寻求代理服务的意向或打算采取何种方式寻求代理服务；开发项目的市场前景预测、竞争项目的情况；开发商的开发经验、资金状况、专业化水平等。

（二）洽谈委托

与选中的目标客户（开发商）进行意向性的接触，洽谈有关委托代理事项，并同时注意：

1. 审查委托人

审查委托人分为以下几种情况：

（1）私房业主。对于私房业主所进行的审查，经纪人只需了解他的身份是内地居民、港澳台同胞还是海外华侨，并验证其身份即可。

（2）法人。如果委托人是房地产开发商，可以通过查验开发商的营业执照来确定委托者是否具有法人资格，只有具有法人资格的企业，才可以承担签约责任，才是合法的委托人。

2. 审查委托人的经济能力和经营范围

对委托人经济能力和经营范围的审查包括以下五个方面：

（1）自有资金流动的数量及注册资金的数量；

（2）有职称的各类专业人员的数量；

（3）从事房地产开发的年限；

（4）累计竣工的房屋建筑面积和房地产开发投资数额；

（5）工程质量的合格率和优良率。

除此之外，经纪人还应该从其他渠道了解开发商的业绩、信誉，并最好获得有关能证明开发商财务状况的文件。在审查开发商的经营范围时应当注意，商品房销售有内销和外销两种，如果开发商委托代理的是外销商品房，则开发商除了应具备房地产开发经营资格、持有营业执照以外，还应该出具经批准的外销批文。

对于实力差、信誉低、经营状况不良的开发商，经纪人在接受其委托前应该慎重考虑。在代理商品房的预售时，这一问题显得尤为重要，因为一个开发商若不讲求信誉，或实力规模有限，或管理不善，或资金周转不灵，都极容易出现在收取预付房款之后，工程搁浅或暂缓，以致房屋不能按期交货的现象，这就会使代理商连带蒙受不利影响和损失。

3. 审查委托的标的物

该项审查包括两个方面：一是审查委托出售的房屋是否符合交易或转让的条件；二是了解委托出售房屋的基本情况。

（1）城镇私房：城镇私房是指房产所有权属于私人且房屋坐落的地块为城镇房地产管理部门管辖范围之内的房屋，作为代理商或经纪人应该注意以下情况之一的私房不能进行交易：产权未确认和产权有争议的房屋；仍有他项权利未清的服务，他项权利是指房地产抵押、担保、典当关系发生后，为债权人在房屋所有权、土地使用权上设定有条件的处分或收益、占有、使用权利，包括典当、抵押权；与他人共有，未经其他共有人书面同意转让的房屋；违章建筑或作临时使用的房屋；经房产管理部门公告征用拆迁的房屋；尚欠国家建房贷款和修缮费、房地产税的房屋；司法机关和行政机关依法裁定、决定查封或者以其他形式限制房屋权利的房屋等。

(2) 新建商品房：新建商品房是特指由房地产开发公司综合开发，建成后出售的住宅、商业用房和其他建筑物。已建成的商品房第一次进入交易市场的主要条件是：该商品房已取得有效的权属证明文件，经纪人和中介公司在认真审查了商品房的权属证明书后才可以受理商品房的销售委托业务，这样可以在更大的程度上减少风险，避免因承接某些土地来源不正当、产权权属未清或质量不合格的房屋的销售代理业务而蒙受不必要的损失。

(3) 预售商品房：大多数的代理业务都与预售商品房有关。预售商品房是指开发商已投入了一定资金进行开发建设，但尚未建成而预先出售的住宅、商业用房和其他建筑物。根据我国的有关规定，商品房预售实行许可制度，开发商必须向房地产管理部门办理预售登记，取得商品房预售许可证之后，方可进行商品房的预售。经纪人和中介公司应该从以下几个方面审核开发商是否符合商品房预售的条件：

1) 是否已支付全部土地使用权出让金，取得土地使用权证书；

2) 是否已办妥建设项目的投资立项、规划和施工的审批工作，取得《建设工程规划许可证》和《施工许可证》；

3) 除付清地价款以外，投入开发建设的资金是否已达到工程预算投资总额的25%；

4) 是否已在当地注册银行开立代售房屋预售款的账户，并与金融机构签订预收款监管协议；

5) 土地使用权是否已作抵押或已解除抵押关系；

6) 是否已制定商品房预售方案，该方案应当包括：商品房的位置、建筑面积、交付使用的日期、交付使用后的物业管理等内容，并应该附有建设用地平面图。

中介公司在代理商品房预售的委托事项时，应查验开发商的《商品房预售许可证》，以确认其所代理楼花的土地使用权来源合法，各项施工报建手续完备，工程已投入一定资金，预收款项能得到监管、专款专用，使自己代理销售的楼花，在确保买家将来能按时收楼、顺利办妥产权登记手续等方面，有一定程度的保障，以减少日后与开发商或买家造成不必要的纷争。

对于房屋基本情况的审查，其目的在于通过对房屋基本情况的了解，使代理商对于房屋销售的难易程度、销售价格、完成销售的大致时间、应选择的营销方案以及大约的费用做到心中有数，使他们在与委托人签订委托合同，议定有关委托期限、委托价格以及佣金等条款时，不致处于被动状态。该项审查的内容主要有：了解房屋的一般情况，如坐落地点、朝向、面积、建造年限；了解房屋的质量情况，如房屋结构、质量等级、内部设施、装修标准等；了解房屋的地理环境情况，如交通情况、配套设施、居民情况、发展规模等。

(三) 签订委托合同

房地产开发商与代理商在明确了各自的权利和义务的基础上，签订经纪代理委托合同。代理商应根据代理模式的不同而将风险通过合同在开发商与自身之间进行合理的分摊。

在签订委托合同时，往往要根据代理模式的要求，就代理楼盘的销售价格达成一致意见。销售价格的制定对开发商和代理商都非常敏感，代理商不能被开发商的乐观情绪所左右而忽略市场风险。如果定价过高，势必增加代理商的推广难度，也会使开发商的资金周转不灵；定价过低，开发商会认为自身利益受到了损失；价差幅度不合理，条件好的户型卖得快，较差的户型长期滞销，开发商的利润无法实现，一般所剩下15%的尾盘往往就是利润所在。因此对代理项目合理的定价是代理合同需要解决的首要的核心问题。

其次是代理商与开发商的权限划分，例如价格让利权、合同内容变更权、合同内容解释权等，这些问题必须在代理合同中尽量约定明确，以免日后产生不必要的纠纷。

（四）制定代理计划

房地产代理商根据委托代理合同的内容，制定代理计划，将代理的各项目标进行系统分析，研究总目标实现的可能性，总目标中的销售额、销售进度、销售费用投入、销售人员投入、销售方式、楼盘价格、销售风险及各阶段回报是否平衡，如果发现不平衡或不能实现，则必须修正目标。总目标在确定、修正后，应通过计划将各项目标分解，落实责任。计划应注意以下几点：

1. 代理计划受代理总目标的控制。

2. 代理计划必须符合实际。代理商必须考察自身的能力、销售队伍的经验、项目内外环境的影响、项目本身的客观规律、项目其他合作方（如广告公司、策划单位等）的能力大小、沟通的难易程度等，并据此制定出一份客观的计划。

3. 计划必须考虑代理商的成本控制。计划既要保证一定的效率，同时也必须兼顾代理商的总体成本，即掌握费用少、收益高的原则。

4. 代理计划要保持一定的弹性，以适应市场的不断变化或者其他方面的干扰。

（五）实施控制

通过具体、周密地安排代理工作，把计划实施过程中的各项指标，如销售进度、销售增长率、电话询问量、成交率、平均成交价格等与实际状况相互对照，找出差距、问题及其产生的根源，及时加以控制和调整。

二、商品房预售及鉴证过户流程

房地产开发公司申请《预售商品房许可证》后，方可进行商品房预售，签订《房地产预售契约》。未经批准而预售的商品房，不受法律保护。

1. 鉴定合同

经批准预售的商品房，预售单位与预售房者经洽谈达成协议后，双方签订《房地产预售合同》，双方可在统一签订的合同后附加附则。

2. 预售合同登记鉴证

合同签订后，30天内由预售单位送房地产交易所办理登记鉴证，合同生效。在境外签订的预售合同，需经中国司法部认定的香港律师楼认证后，送中国法律（香港）服务公司转递，30天内送交易所备案。

（1）办理预售合同登记须提交的资料：

1）房地产开发公司（以下简称开发企业）营业执照；

2）开发企业法人代表授权委托书、法人代表及被委托人合法的身份证明；

3）当地国土局、房地产管理局房地产市场管理处核发的《预售商品房许可证》；

4）当地国土局、房地产管理局用地处核发的《建设用地批准书》；

5）交易双方签订的《房地产预售合同》；
6）购房者合法的身份证明。
（2）办理《房地产预售合同》登记的款项：
契税：在办理契约登记时，预缴按房价计算应征契税总额的50%的税款。
3. 验收交楼
商品房建成经验收合格后交购房者使用，由开发企业代办产权过户的手续。
4. 产权确认
商品房竣工验收合格后30天内，开发企业凭报批及验收文件，到当地房地产登记所（以下简称登记所）办理确认房地产产权过户的手续，经审查确认权属后，由登记所发给《房地产证》或《房地产权属证明书》。
5. 过户
开发企业持《房地产证》或《房地产权属证明书》及该楼各单元的预售契约到交易所办理每户的过户手续。
（1）办理商品房产权过户须提交：
1）经登记所核发的《房地产权属证明书》或《房地产证》；
2）业主所持有经交易所登记的《房地产预售契约》；
3）购房人合法的身份证明；
4）购房发票；
5）交易所印制的《房地产买卖申请审批表》；
6）各单元面积分户册。
（2）办理商品房登记过户的税费：
买方：①缴交办理登记时余下的契税；②按售价的0.1%缴交交易服务费。
6. 登记发证
商品房经交易所办理过户鉴证后，购房人或开发企业需持《房地产交易登记证明书》和《房地产权属证明书》等资料到登记所办理转移登记手续，领取房地产证。

第二节　新建商品房销售代理实训

商品房销售代理是我国目前房地产代理活动的主要形式，有两类，即商品房现售和商品房预售。新建商品房销售一般分为两个阶段，即销售准备阶段和销售实施阶段。

训练目标：明确新建商品房销售代理的相关环节，会填写房地产代理合同，会独立进行销售资料的准备，学会填写认购书，通过实训，熟悉售楼的工作流程和注意事项，培养良好的服务意识。

实训步骤：
以老师给定的楼盘资料为背景，学生自由组合，分组进行各项目的训练。
第一阶段：销售准备
项目一：房地产代理合同的填写
项目二：模拟房地产销售资料的准备
项目三：认购书填写训练

项目四：销售队伍的组建训练
项目五：销售现场准备训练

第二阶段：销售实施

项目六：与售楼情景相关的问题及回答模拟训练
项目七：按揭款项的计算练习
项目八：模拟售楼
项目九：新建商品房产权证的办理实训
项目十：顾客异议处理训练

项目一：房地产销售代理合同的填写训练

训练目标：熟悉房地产销售代理合同的内容，学会填写。

房地产独家代理销售合同样本

资料来源：

甲方：_____（委托方）
地址：_____邮编：_____电话：_____
法定代表人：_____职务：_____
乙方：××房地产经纪代理有限公司（代理方）
地址：_____邮编：_____电话：_____
法定代表人：_____职务：_____

甲乙双方经过友好协商，根据《中华人民共和国民法通则》和《中华人民共和国合同法》的有关规定，就甲方委托乙方（独家）代理销售甲方开发经营或拥有的_____事宜，在互惠互利的基础上达成以下协议，并承诺共同遵守。

第一条 合作方式和范围

甲方指定乙方为在_____（地区）的独家销售代理，销售甲方指定的、由甲方兴建的_____项目，该项目为（别墅、写字楼、公寓、住宅），销售面积共计_____m^2，销售许可证号：_____。

第二条 合作期限

（1）本合同代理期限为____个月，自____年____月____日至____年____月____日。在本合同到期前的____天内，如甲乙双方均未提出反对意见，本合同代理期自动延长____个月。合同到期后，如甲方或乙方提出终止本合同，则按本合同中合同终止条款处理。

（2）在本合同有效代理期内，除非甲方或乙方违约，双方不得单方面终止本合同。

（3）在本合同有效代理期内，甲方不得在_____地区指定其他代理商。

第三条 费用负担

本项目的推广费用（包括报纸电视广告、印制宣传材料、售楼书、制作沙盘等）由甲方负责支付。该费用应在费用发生前一次性到位。具体销售工作人员的开支及日常支出由乙方负责支付。

第四条 销售价格

销售基价（本代理项目各层楼面的均价）由甲乙双方确定为_____元/m²，乙方可视市场销售情况征得甲方认可后，有权灵活浮动。甲方所提供并确认的销售价目表为本合同的附件。

第五条 代理佣金及支付

（1）乙方的代理佣金为所售的_____项目价目表成交额的_____%，乙方实际销售价格超出销售基价部分，甲乙双方按_____比例分成。代理佣金由甲方以人民币形式支付。

（2）甲方同意按下列方式支付代理佣金：

①甲方在正式销售合同签订并获得首期房款后，乙方对该销售合同中指定房地产的代销即告完成，即可获得本合同所规定的全部代理佣金。甲方在收到首期房款后应不迟于3天将代理佣金全部支付乙方，乙方在收到甲方支付的代理佣金后应开具收据。

②乙方代甲方收取房价款，并在扣除乙方应得佣金后，将其余款项返还甲方。

（3）乙方若代甲方收取房款，属一次性付款的，在合同签订并收齐房款，应不迟于5天将房款汇入甲方指定银行账户；属分期付款的，每2个月一次将所收房款汇给甲方。乙方不得擅自挪用代收的房款。

（4）因客户对临时买卖合约违约而没收的定金，由甲乙双方五五分成。

第六条 甲方的责任

（1）甲方应向乙方提供以下文件和资料：

①甲方营业执照副本复印件和银行账户；

②新开发建设项目，甲方应提供政府有关部门对开发建设项目批准的有关证照（包括：国有土地使用权证书、建设用地批准证书和规划许可证、建设工程规划许可证和开工证）和销售_____项目的商品房销售证书、外销商品房预售许可证、外销商品房销售许可证；旧有房地产，甲方应提供房屋所有权证书、国有土地使用权证书；

③关于代售的项目所需的有关资料，包括：外形图、平面图、地理位置图、室内设备、建设标准、电器配备、楼层高度、面积、规格、价格、其他费用的估算等；

④乙方代理销售该项目所需的收据、销售合同，以实际使用的数量为准，余数全部退给甲方；

⑤甲方正式委托乙方为_____项目销售（独家）代理的委托书。

以上文件和资料，甲方应于本合同签订后2天内向乙方交付齐全。

甲方保证若客户购买的_____的实际情况与其提供的材料不符合或产权不清，所发生的任何纠纷均由甲方负责。

（2）甲方应积极配合乙方的销售，负责提供看房车，并保证乙方客户所订的房号不发生误订。

（3）甲方应按时按本合同的规定向乙方支付有关费用。

第七条 乙方的责任

（1）在合同期内，乙方应做以下工作：

①制定推广计划书（包括市场定位、销售对象、销售计划、广告宣传等）；

②根据市场推广计划，制定销售计划，安排时间表；

③按照甲乙双方议定的条件，在委托期内，进行广告宣传、策划；

④派送宣传资料、售楼书；
⑤在甲方的协助下，安排客户实地考察并介绍项目、环境及情况；
⑥利用各种形式开展多渠道销售活动；
⑦在甲方与客户正式签署售楼合同之前，乙方以代理人身份签署房产临时买卖合约，并收取定金；
⑧乙方不得超越甲方授权向客户作出任何承诺。

(2) 乙方在销售过程中，应根据甲方提供的＿＿＿＿＿＿项目的特性和状况向客户作如实介绍，尽力促销，不得夸大、隐瞒或过度承诺。

(3) 乙方应信守甲方所规定的销售价格，非经甲方的授权，不得擅自给客户任何形式的折扣。在客户同意购买时，乙方应按甲乙双方确定的付款方式向客户收款。若遇特殊情况（如客户一次性购买多个单位），乙方应告知甲方，作个案协商处理。

(4) 乙方收取客户所付款项后不得挪作他用，不得以甲方的名义从事本合同规定的代售房地产以外的任何其他活动。

第八条 合同的终止和变更

(1) 在本合同到期时，双方若同意终止本合同，双方应通力协作作妥善处理终止合同后的有关事宜，结清与本合同有关的法律经济等事宜。本合同一旦终止，双方的合同关系即告结束，甲乙双方不再互相承担任何经济及法律责任，但甲方未按本合同的规定向乙方支付应付费用的除外。

(2) 经双方同意可签订变更或补充合同，其条款与本合同具有同等法律效力。

第九条 其他事项

(1) 本合同一式两份，甲乙双方各执一份，经双方代表签字盖章后生效。
(2) 在履约过程中发生的争议，双方可通过协商、诉讼方式解决。

甲方：　　　　　　　　　　　　乙方：
代表人：　　　　　　　　　　　代表人：
签章：　　　　　　　　　　　　签章：

年　　月　　日

项目二：模拟房地产销售资料的准备

训练目标： 使学生明确房地产销售资料包括哪些法律文件、宣传资料和销售文件，能够迅速列出并一一准备。

提示： 老师、同学在课前需要收集较多的楼盘宣传资料，楼书、彩页、画册、广告宣传单等。本实训可采取小组竞赛、个人竞赛等形式。

1. 法律文件的准备
(1) 建设工程规划许可证和验收合格证。
(2) 土地使用权出让合同。
(3) 预售许可证或销售许可证。
(4) 房地产买卖合同。当地规划国土房地产主管部门制定的标准合同文本（图3-1）。

(a)

(b)

(c)   (d)

(e)

图 3-1　项目五证，即建设用地规划许可证、建设工程规划许可证、土地使用权证、
商品房销售（预售）许可证、建设工程施工许可证
（a）建设工程规划许可证；（b）建设用地规划许可证；（c）企业营业
执照；（d）国有土地使用证；（e）商品房预售许可证

注意：开发经营企业进行商品房预售，应当向承购人出示许可证。其商品房预售广告、售房宣传资料和说明书均应载明预售许可证的批准文号。其许可证应在售楼场所显著位置悬挂。未取得预售许可证的，不得进行商品房预售

2. 宣传资料的准备

楼书（形象楼书与功能楼书）、折页、置业锦囊、宣传单张等。

提示：宣传资料不一定每一种形式都具备，一般根据项目规范、档次、目标客户群等来选择某一种或多种组合使用，使其既能达到宣传房地产项目的效果，又能控制成本

3. 销售文件准备

付款方式、价目表、按揭指引、缴纳税费一览表、办理入住指引、认购合同、购楼须知等。

（1）付款方式样本

××楼盘付款方式

制作时间： 年 月 日

付款方法	一次性付款	即供按揭	轻松按揭	建筑分期
优惠折扣	96折	97折	99折	原价
签署认购书时付定金	人民币壹万元			
十天内签署《商品房预售合同》时付（扣除定金）	20%	10%（同时申请办理最高八成三十年银行按揭手续）	10%（同时申请办理最高八成三十年银行按揭手续）	20%
一个月内	45%	10%	—	—
二个月内	30%	—	—	20%
三个月内	—	—	5%	20%
四个月内	—	—	—	20%
六个月内	—	—	—	15%
发出入伙通知书十天内付清	5%	—	5%	5%

（2）××楼盘价目表

××楼盘价目表

售价单位：人民币（元）　　　　　　　　　　　　　　　　　生效日期：　　年　月　日

楼层	单元	A	B	C	D	E	F
	户型	三房二厅	三房二厅	二房二厅	二房二厅	二房二厅	二房二厅
	朝向	南	东南	南北	南北	北	东北
	标准层面积	102.31	102.31	73.69	74.55	75.70	75.70
二层送平台面积（m²）		33.92	33.92	47.90	47.90	20.10	20.10
二	即供按揭折实单价	4,306	4,324	3,849	3,828	3,761	3,779
	总价	468,218	470,175	301,448	303,303	302,591	304,039
三	即供按揭折实单价	4,223	4,241	3,338	3,574	3,699	3,717
	总价	459,193	461,150	261,428	283,177	297,603	299,051
四	即供按揭折实单价	4,223	4,241	3,592	3,574	3,699	3,717
	总价	459,193	461,150	281,320	283,177	297,603	299,051
				……	……		
				……	……		
				……	……		
				……	……		
十	即供按揭折实单价	4,428	4,447	3,879	3,860	3,992	4,011
	总价	481,484	483,550	303,798	305,838	321,176	322,705
十一	即供按揭折实单价	4,428	4,447	3,879	3,860	3,992	4,011
	总价	481,484	483,550	303,798	305,838	321,176	322,705

注：价目如有变动，恕不另行通知。

（3）××楼盘认购须知

欢迎阁下购买××楼盘之物业，认购前敬请详细阅读本《认购须知》，如有任何不明之处，请向本公司销售人员咨询。

一、购房须知

1．凡购买××楼盘之单位，均由政府核发房地产权证，以确认房屋的产权属购买者所有，业主对房产享有占有、使用、收益、处分权，有自由买卖、出租、继承和转让权利。

2．本物业之土地的使用权和年限按政府规定办理：住宅及车库车位为70年。

二、认购手续

1．个人购房请带备本人身份证或护照，未满十六周岁者购房必须由其法定监护人代为办理；外籍人士须持有公证处出具的委托书中文译本及提供有广州户籍的联络人资料。公司购房请带备营业执照副本（复印件需加盖公章）、法人代表证明书、法人授权委托书、法人代表及受委托人身份证原件。

2．认购单位须以现金或支票或信用卡、提款卡支付定金，每个单位定金为人民币壹万元整，同时签署认购书、确认购房人、付款方式等。

3．签署认购书7天内，按约定的付款时间及已选择之付款方式缴交首期楼款并签署《商品房买卖合同》，如选择按揭付款方式者须同时办理按揭手续。逾期不办理者视为自动放弃认购权，本公司无须知照并有权对该单位另行处理，所收购房定金不予退还。

三、签约手续

1.签署《商品房买卖合同》时，所有署名业主须亲自到场签名，如委托他人办理，必须有业主亲笔签署并经公证处公证之委托书（如外籍人士，公证书在领事馆公证，且必须有外文原件和中文翻译件各一份），被委托人须持公证书原件、身份证原件和委托人身份证原件、复印件办理。

2.签署《商品房买卖合同》时须带备《认购书》、定金收据、身份证原件。申请办理银行按揭付款的须备户口簿、收入证明等资料,有关按揭的年限及额度请与相关银行查询。

3.公司购房请带备营业执照副本（复印件需加盖公章）、法人代表证明书、法人授权委托书、法人代表及受委托人身份证原件及复印件四份。

四、按揭银行

××银行××支行（提供最高八成最长三十年的银行按揭）

开户行：××银行××支行　　咨询电话：＿＿＿＿＿＿＿

　　　　××银行××支行　　咨询电话：＿＿＿＿＿＿＿

五、注意事项

1.详细楼宇图则以规划局最后批准之图纸为准。

2.房屋的建筑面积及套内面积以房管局实际测量为准。

3.本《认购须知》如与《商品房买卖合同》条款的抵触之处，以《商品房买卖合同》为准。

销售热线：

年　　月　　日

另：

××楼盘《入伙时应付款项费用表》

项　目	备　注
1.有线电视安装费：300元/户	
2.管道煤气初装费3000元/户（高层为3500元/户）	
3.可视防盗对讲系统：1200元/户	

（4）××楼盘按揭指南：

××楼盘的银行抵押借款（即银行按揭）由××银行××支行办理,并由××律师事务所提供办理抵押贷款手续,在您决定选择银行按揭支付方式前,请详细阅读本章。

	借款最大金额	借款最长年限
商品房	房价70%	30年
商铺	房价60%	10年
车库	房价60%	10年

一、个人购房抵押贷款

1.贷款对象：××银行提供房价最高70%,最长30年的贷款期限,您可以在该范围内自由决定,但借款人年龄加上其借款年限不能超过65岁。××银行可为您提供住房公积金个人住房抵押贷款服务，年限同上（注：如您申请的贷款期限为30年，则申请贷款时您的年龄不能超过35岁（男性）/30岁（女性））。

重要提示：银行按揭贷款只贷到万元位，万元下尾数款须在付第一期楼款时交到发展商处，例如您向银行借的五成楼款为155,000元，您须将5000元交给发展商，其余150,000元作为向银行申请的借款总额。

2. 贷款最高限额：银行根据客户提供的资料，经过审查核实，本市户口贷款额最高可达房价的7成，非本市户口贷款额最高可达房价的6成，期限最长不超过30年，利率执行人民银行公布利率（详见《购房按揭贷款月供额表》）。

二、申请银行按揭须具备的条件

1. 具有完全民事行为能力的自然人，且具有城镇常住户口或者有效居留身份；

重要提示：××银行不单独受理18周岁以下、65周岁以上人士抵押借款申请，暂不受理企业法人的抵押借款申请；

2. 60岁以上的退休人士须有经济能力人作担保，并以实有经济能力人名义购房借款，如坚持以老人名义购房，则降低借款额、年限、最高至六到十年；

3. 与发展商签订《商品房预售合同》，并同意用所购的房产作抵押；

4. 有稳定的职业和收入，有按时偿还贷款本息的能力；

5. 已按合同付款时间、付款方式向发展商付清首期款。

备注：

1. 18岁以下人士可单独签署《房地产预售合同》，但不能单独签署《购房抵押借款合同》；

2. 18岁以下人士可与具有完全民事行为能力的自然人共同签署《房地产预售合同》，如需签署《购房抵押借款合同》，则需与符合银行借款条件的人士共同签署，及为未成年人代签署；

3. 每份《房地产预售合同》最多只能有四位购房人士签名。

三、申请银行按揭须向银行提供的资料

1. 国内居民须提供身份证和户口本原件及复印件二份，境外人士须提供护照或回乡证、身份证原件及复印件二份；

2. 提供下列收入证明或财产情况证明：

（1）证明借款人的收入或家庭月总收入不低于每月供款额的150%的单位证明原件（如月供款为1000元，其收入应为1500元以上）；

（2）不低于贷款额20%的定期或活期存折原件及复印件二份；

（3）其他资产证明文件，如存折、国债、房产证、租约（需提供市国土房管局登记备案的长期租约，租金不低于借款的200%）等原件及复印件二份；

3. 已缴楼款收据复印件二份；

4. 《××楼盘认购书》原件及复印件二份；

5. 《房地产预售契约》复印件。

重要提示：以上资料的原件和规格为B5的复印件，须在申请银行按揭时交××律师事务所（地址：××市天××路××号），律师：××，电话：××××，以便审查、核对原件和复印件的真实性。

四、办理银行按揭须缴交费用

1. 《购房抵押借款合同》公证费：每份300元；
2. 抵押备案登记费：每套375元；
3. 房产保险费：楼价×0.1%×按揭年限（注：按揭2~5年，可获9折优惠；按揭6~10年，可获8折优惠；按揭10年（不含10年）以上，可获7折优惠）；
4. 印花税：贷款额×0.05%；
5. 《购房抵押借款合同》的律师签约服务费及律师见证费：贷款50万元以下每笔收费750元；贷款50~100万元每笔收费1000元，贷款100~150万元每笔收费1200元，贷款150万元以上每笔收费1500元；
6. 还款担保书的收费：500元（注：此项费用是为未成年人按揭作还款担保公证费用）。

五、借款人申请银行按揭贷款流程

1. 与发展商签署《商品房预售契约》，并已向发展商缴交定金1万元，签署认购书3天内向银行提出贷款申请。
2. 在××律师事务所签署以下文件并由律师进行见证。
 (1) 《个人住房贷款申请审批书》；
 (2) 《购房抵押借款合同》；
 (3) 《借款凭证》；
 (4) 《抵押房屋保险协议书》；
 (5) 《委托书》；
 (6) 《公证申请表》；
 (7) 《他项权证登记申请书》；
 (8) 其他须签署的文件；
 (9) 支付本《按揭指南》第4.1至4.5项费用给××律师事务所。
3. 签署认购书10天内，与发展商签署商品房预售合同；发展商送房管局登记鉴证。
4. 银行约见借款人，银行保管客户有关文件。
5. 律师行通知借款人已批出贷款。
6. 借款人按《购房抵押借款合同》中约定的时间（次月15日前）开始按时将还款存入银行存折。
7. 借款人还清所有按揭款项后，撤销抵押备案登记，取回《商品房预售合同》或《房地产证》。

(5) ××楼盘付款参考

××楼盘付款参考　　　　　　销售员：

××楼盘_____轩_____座_____单位　建筑面积_____m²，原价_____元

一、一次性付款： 折扣_____ 折实价_____元 折实单价_____元/m²

_____年_____月_____日　定金　_____元

_____年_____月_____日　首期（％）____元（税费：_____元）
　　　　　　　　　　　　　　（扣除定金）

_____年_____月_____日　付楼价（____％）_____元

_____年_____月_____日　付楼价（____％）_____元

接入伙通知书后十天内，付楼价（____%）_____元

二、银行按揭： 折扣_____ 折实价_____元 折实单价_____元/m²

____年____月____日　　定金_____元

____年____月____日　　首期（____%）_____元（税费：_____元）

　　　　　　　　　　　　（扣除定金）

　　　　　　　　　　　　银行按揭（____%）_____元

　　　　　　　　　　　　20年按揭，月供_____元

　　　　　　　　　　　　30年按揭，月供_____元

____年____月____日　　第二期（____%）_____元

三、轻松按揭： 折扣_____ 折实价_____元 折实单价_____元/m²

____年____月____日　　定金_____元

____年____月____日　　首期（____%）_____元（税费：_____元）

　　　　　　　　　　　　（扣除定金）

　　　　　　　　　　　　银行按揭（____%）_____元

　　　　　　　　　　　　20年按揭，月供_____元

　　　　　　　　　　　　30年按揭，月供_____元

____年____月____日　　第二期（____%）_____元

____年____月____日　　第三期（____%）_____元

四、建筑分期付款： 折扣_____ 折实价_____元 折实单价_____元/m²

____年____月____日　　定金_____元

____年____月____日　　首期（____%）_____元（税费：_____元）

　　　　　　　　　　　　（扣除定金）

____年____月____日　　付楼价（____%）_____元

____年____月____日　　付楼价（____%）_____元

____年____月____日　　付楼价（____%）_____元

____年____月____日　　付楼价（____%）_____元

____年____月____日　　付楼价（____%）_____元

计数人员：_____ 核数人员：_____ 日期：_____

☆以上内容如有错误，以正式预售契约所列为准。

项目三：认购书填写训练

训练目标： 使学生熟悉认购书的格式与条款，会准确计算供楼款项，会熟练填写认购书。

××楼盘认购书

编号：No._____　　　日期：____年____月____日

发展商（甲方）：_____

认购方（乙方）：_____

身份证号码/公司注册编码：_____

联系地址：_____

联系电话：_____　邮政编码：_____
策划销售代理（丙方）：_____　销售代表：_____
认购物业：____市____区____路____楼盘____栋____座____单元，
　　　　　建筑面积_____平方米（以竣工验收后房管局确认之面积为准）。

一、付款方法：1.一次性付款；2.银行按揭；3.建筑分期
　　乙方同意按____种方法付款，获____折优惠，即售价为 RMB _____元，
　　大写：____佰____拾____万____仟____佰____拾____元整，单价_____元/平方米，

（1）乙方于签署本认购书时交付定金，人民币壹万元整；
（2）_____年____月____日前鉴定《房地产预售契约》，同时付房款的_____%，即人民币_____元（已扣除定金）及第二条第8款所列各项税费/管理费 RMB _____元。
（3）____年____月____日前交付房款的_____%，即 RMB _____元。
（4）____年____月____日前交付房款的_____%，即 RMB _____元。
（5）____年____月____日前交付房款的_____%，即 RMB _____元。
（6）____年____月____日前交付房款的_____%，即 RMB _____元。
（7）____年____月____日前交付房款的_____%，即 RMB _____元。
（8）____年____月____日前交付房款的_____%，即 RMB _____元。
（9）____年____月____日前交付房款的_____%，即 RMB _____元。
（10）____年____月____日前交付房款的_____%，即 RMB _____元。
（11）其余房款，乙方分____期每月向甲方支付，始付日期为____年____月____日，每月支付_____元。
（12）乙方向_____银行申办按揭贷款，按揭额 RMB _____元，年限_____年。
　　月供款额_____元（如遇国家利率调整，则按银行有关文件规定相应调整按揭贷款利率）。

二、认购条款
1. 乙方必须于签订本认购书后十日内交付首期并签署《房地产预售契约》。
2. 若乙方支付定金之日后十天内未能依时交付首期房价款，则本认购书不再履行，乙方已付定金甲方不予退还。
3. 若乙方选择银行按揭付款方法，须于____年____月____日前向律师楼提供有关申办按揭的资料，并在接到银行或甲方的电话通知后，在规定的时间内到规定的律师楼签署贷款合同。否则本认购书不再履行，乙方已付定金甲方不予退还。如乙方按揭申请不为银行接受，在接到甲方通知之日起五天内不改变付款方式，则甲方有权单方面终止本楼宇认购书，并不退还定金，期间发生的有关费用由乙方承担。
4. 甲方与乙方签署《房地产预售契约》的同时，乙方应当交清首期房款以及各项应交税费。
5. 若乙方签署认购书后，未签署《房地产预售契约》前，若要求转名或认购书的权益转让，需缴付给甲方总楼价1%的转名手续费，与乙方有直接亲属关系者（只限夫妇、

子女或兄弟姐妹关系），须于签署《房地产预售契约》时提交出有效证明文件之正本及副本，方可要求甲方免费办理转名手续。

6. 若乙方签署《房地产预售契约》后，要求更换商品房或加名、转名、减名，均需向广州市房地产管理部门提出申请，按房屋交易手续办理，有关税费由乙方负担。

7. 本楼宇于＿＿＿＿年＿＿＿＿月＿＿＿＿日前竣工并交付使用。

8. 按国家规定应由乙方负担的税费。

（1）房屋买卖契约税：私人购买住宅为楼价的1.5%（签订《房地产预售契约》时付一半即0.7%），单位购买住宅为楼价之3%（若购商场、车位，则按合同价之3%）。

（2）交易管理费：楼价的0.1%。

（3）印花税：楼价的0.03%。

（4）权证综合费：楼价的0.2%（包括房屋所有权登记费、测绘费、查册费等）。

最后税费以政府最新规定为准，税费合计为楼价之1.83%，签约时付0.78%，交楼时付1.05%，收费标准最终按国家规定执行。如采用银行按揭方式付款，有关按揭费用由乙方自负。

9. 本认购书作为乙方认购本物业的依据，与《房地产预售契约》均具法律效力。

10. 本认购书壹式叁份，甲、乙、丙叁方各执一份，自叁方签字及收到乙方的定金之日起生效。

出售方（甲方）：＿＿＿＿＿＿＿＿＿＿＿＿＿＿＿＿＿＿＿＿＿＿

认购方（乙方）：＿＿＿＿＿＿＿＿＿＿＿＿＿＿＿＿＿＿＿＿＿＿

策划销售（丙方）经办人：＿＿＿＿＿＿＿＿＿＿＿＿＿＿＿＿

项目四：销售队伍的组建训练

训练目标： 了解销售队伍组建的基本方法和销售人员培训的基本内容。

1. 确定营销人员的数量与素质

2. 了解营销人员的培训内容

（1）公司背景和目标：

1）公司背景、公众形象、公司目标（项目推广目标及公司发展目标）。

2）销售人员的行为准则、内部分工、工作流程、个人收入目标。

（2）物业详情：

1）项目规模、定位、设施、买卖条件。

2）物业周边环境、公共设施、交通条件。

3）该区域的城市发展计划，宏观及微观经济因素对物业的影响情况。

4）项目特征：

——项目规划设计内容，如景观、立面、建筑组团、容积率等；

——平面设计内容，包括总户数、总建筑面积、总单元数、单套面积、户内面积组合以及户型优缺点、进深、面宽、层高等；

——项目优势劣势分析及对策；

——竞争对手优势劣势分析及对策。

（3）销售技巧：

售楼过程中的洽谈技巧，包括如何用提问了解客户需求及购买心理。如通过了解客户的需求、经济状况、期望等来掌握买家的心理；恰当使用电话；运用好推销技巧、语言技巧、身体语言技巧等。

(4) 签订买卖合同的程序：
1) 售楼处签约程序。
2) 办理按揭及计算。
3) 入住程序及费用。
4) 合同说明及其他法律文件。
5) 所需填写的各类表格。

(5) 物业管理：
1) 物业管理服务内容、收费标准。
2) 管理规则。
3) 公共契约。

(6) 其他内容：
包括房地产营销人员的礼仪、建筑学基本常识、财务相关制度等。

项目五：销售现场准备训练

训练目标

★ 使学生能够明确售楼中心的功能分区，了解销售中心布置的基本原则与注意事项，并能进行简单的销售中心布置与设计。

★ 使学生了解创设售楼现场热烈气氛的其他形式如看楼通道、形象墙、户外广告牌、灯箱、大型广告牌、导示牌、彩旗、示范环境、施工环境等并能进行简单的设计。

1. 售楼中心设计

售楼中心是向客户介绍和展示楼盘形象的场所，同时又是客户作出购买决定并办理相关手续的场所，其地点的选择和装修设计风格都要精心安排。

(1) 售楼中心位置的选择：
1) 最好迎着主干道（或主要人流）方向。
2) 设在人车都能方便到达，且有一定数量停车位的位置。
3) 设在能方便到达样板房的位置。
4) 设在与施工场地容易隔离、现场安全性较高的位置。
5) 设在环境和视线较好的位置。

(2) 售楼中心的布置：
1) 功能分区要明确，一般设有门前广场、停车场、接待区、洽谈区、展示区、办公区、客户休息室、卫生间、储藏室、更衣室等。
2) 进入销售中心前要有明确的导示，如彩旗、指示牌灯等；入口广场上要有渲染气氛的彩旗、花篮、气球、绿化等，在空间允许情况下，还可以布置水体、假山石、花架、休闲桌椅等；在必要的地方布置小饰品和绿植。
3) 销售中心的内外空间要尽可能通透（图3-2）。
4) 接待区要布置在离入口处较近，且方便业务员看到来往客户的位置（图3-3）；在接待区要通过背景板营造视觉焦点，背景板可以展示楼盘的情况介绍、名称，也可以用图片展示一种氛围；接待区的灯光要经特别处理，做到整体和局部的完美结合。

图 3-2　售楼中心外观

图 3-3　售楼中心

5）室内灯光明亮，重点的地方要有灯光配合作为强调，如展板、灯箱、背景板等。

6）洽谈桌的宽或直径一般为 80cm。

7）接待台的尺寸一般长不小于 3m，宽为 65~75cm，高度在 68~75cm 之间。

8）要配合楼盘性质营造氛围，如普通住宅的温馨、高档住宅的高贵豪华、写字楼的庄重等。

9）主卖点要有明确的展示，如展板、图片及实体等，展示区要与洽谈区相邻或融为一体。

10）内部空间要尽可能通透，其净高度一般不得低于 3.6m，如果整体空间的尺度较小，或有特殊要求时，高度可另外考虑。

2. 看楼通道设计

看楼通道是连接售楼处和样板房（或现场实景单位）之间的交通通道。看楼通道应注意以下几点：

（1）看楼通道的选择以保证线路尽可能短和安全通畅为原则。

（2）要保证通道的采光或照明充足。

（3）最好要有利于施工组织，尽可能不要形成地盘分割。

（4）对于有转折的地方或不符合人的行为功能的地方应有提示，如高低不平、顶梁过低等地方。

（5）在通道较长的条件下，景观要丰富而不单调。

3. 样板房设计

样板房的制作主要是让客户对所要购买的物业有一个直观的感觉和印象。样板房装修布置应表现真实，同时在具体选择和装修上要注意以下问题：

（1）样板房选择应注意问题：

1）选择主力户型、主推户型。

2）设在朝向、视野和环境较好的位置。

3）设在可方便由售楼处达到的位置。

4) 多层楼花尽可能设在一楼或低楼层。

5) 高层现楼一般设在较高楼层。

6) 高层楼花一般布置在4~6层；如果小区环境已做好，或周边景观好，也可以利用临时电梯作垂直交通工具，布置在尽可能高的楼层。

(2) 样板房装修应注意问题：

1) 装修应充分展示户型空间的优势。

2) 要有统一的标识系统（如门前户型说明、所送家具电器的标识）。

3) 针对空间的使用要对客户进行引导（特别是难点户型和大面积户型）。

4) 装修风格和档次要符合项目定位和目标客户定位。

5) 色彩明快温馨（图3-4）。

6) 家具的整体风格要协调一致，不可零乱（图3-5）。

图3-4 样板房之客厅　　　　图3-5 样板房之卧室

7) 做工要精细。

8) 光线要充足。

9) 对于周边有安全网的样板房，其窗、阳台与围护板间保留约30cm的间隔，用以绿化。

10) 样板房门前要设置鞋架或发放鞋套，最好可以让客户直接进入；在样板房入口的上两层阳台等处应设挡板，以防施工掉落物，以免给客户造成不够安全的印象。

4．形象墙、围墙设计

(1) 形象墙、围墙一般主要是设在分隔施工场地，保证客户看楼的安全和视线的整洁的地方；一般可用普通的砖墙，也可以用围护板。

(2) 在客户视线可及的地方，墙上要进行美化和装饰；可以上裱喷绘，也可用色彩直接上绘。

(3) 墙上的内容可以仅仅是楼盘的情况介绍和售楼电话，也可以根据其墙所在的位置通过组合灯箱、广告牌来昭示和展示楼盘的形象和卖点。

(4) 墙饰的风格和色彩应与整体推广相统一，具有可识别性。

5．模型展示

模型主要用来告之客户竣工后楼盘的完整形象，同时，也方便业务员给客户讲解时指

明具体户型的位置、方位。模型一般包括：社区整体规划大模型、分户模型、局部模型、环境模型和区域模型（图3-6）。

整体规划模型用于表现项目的具体位置、周边的景观、配套和小区布局以及中心庭院等，整体楼盘模型的常规比例为1：150。

分户模型主要用在实体样板房和交楼标准不能展示全部户型时，方便客户了解户型的实际布局和户内空间大小尺寸，常规比例为1：25。

图3-6 售楼处的模型

局部模型主要用于楼盘现场及其他模型不能充分表现的局部，通常是建筑的阳台、空中花园、屋顶或会所，也可能是建筑的一段外墙、内墙、小区或户外环境局部、会所的局部等，往往是楼盘的主卖点或需要重点展示的地方，比例可以根据实际确定。

环境模型主要是在楼盘的环境面积较大或特色明显但通过现场又无法展示的情况下采用的。

区域模型主要是在楼盘所在区域（主要为规划或建设中），在实际看到的现状相对零乱时采用的。

6. 广告牌、灯箱、导示牌、彩旗的设计与布置

当项目位置处于非主干道，或是销售中心位置不便发现时，广告牌、灯箱、导示牌（图3-7）、彩旗的作用就十分明显。一方面它们可以将项目的重要信息（如位置、咨询电话等）在更广阔的地域向外发布，更重要的是它们可以将客户从主干道或是其熟悉的地方引导至项目现场，同时又对项目现场气氛起到一种烘托作用。

图3-7 楼盘的导示牌

项目六：与售楼情景相关的问题及回答模拟训练

训练目标：使学生熟悉向客户介绍楼盘的要点和方法。

1. 本小区或大厦的地点及地址？

2. 试述本小区或大厦的环境特色？
3. 本小区或大厦所处位置将来有何发展？
4. 本小区或大厦的交通情形？
——公共汽车路线起止站名及经过路线？
——本大厦或小区站名？
5. 本小区或大厦附近有哪些市场？每一市场的位置及营业状况？与本大厦或小区的距离？
6. 本小区或大厦附近有哪些学校？（幼儿园、小学、中学、高中和大学）距离多远？
7. 本小区或大厦附近的医疗保健设施有哪些？其位置和路程？
8. 本小区或大厦附近有哪些娱乐体育设施？其位置和路程？
9. 本小区或大厦占地面积、建筑面积多大？容积率、建筑密度是多少？
10. 本小区或大厦的规划用途？有哪些公共设施？物业管理如何？
11. 本小区或大厦共有多少户？怎样区分？
12. 本小区或大厦的设计有什么特色或特殊之处？
13. 本小区或大厦主打户型、装修情况如何？
14. 本大厦建材设备如何（卫生设备、门窗、厨房、楼梯、地板、顶棚、电源）？
15. 本大厦电梯共几部？厂牌？
16. 本大厦的产权情况？建照号码？
17. 本大厦坐落地号和地段？
18. 本大厦或小区何时开工？多少个工作日？何时完工？
19. 本大厦或小区有无停车场？如有，使用情形如何？
20. 本大厦屋顶如何处理？有无空中花园？
21. 本大厦平均价格如何？付款办法如何？大约多久缴一次款？
22. 本大厦的贷款年限如何？由何家银行承贷？每月摊还多少？
23. 本大厦购买时有无任何优惠措施？若有，详细介绍。
24. 本大厦订购时须缴多少订金？何时签约？签约时应携带何种证件？在何处办理签约手续？
25. 除总价款外，尚须缴付哪些费用？大概多少？
26. 本大厦所需契税，预估多少？
27. 本大厦的室内设计是否可以变更？如何变更？
28. 本大厦保证年限多久？
29. 试述开发商以往业绩及其概况。
30. 该开发商有哪些关系企业？

项目七：按揭款项的计算练习

训练目标： 通过反复训练，熟练掌握等额本息还款法和等额本金还款法的计算原理、公式与方法，熟练使用计算器进行计算，熟悉年利率、月利率的概念及相互转换。

1. 等额本息还款法

等额本息还款法，通常被称为"等额还款"。即借款人每月以相等的金额平均偿还贷款本息，也被形象地称为直线还款法。

$$每月等额还本付息额 = 贷款本金 \times \frac{月利率 \times (1+月利率)^{还款期数}}{(1+月利率)^{还款期数} - 1}$$

其中： 还款期数 = 贷款年限 × 12

【例1】 某甲购房采取商业性贷款30万元，贷款年限为15年，年利率为5.31%，还款期数为15×12=180，则每月等额还本付息额为：

月利率为 5.31% ÷ 12 = 4.425‰，

$$300000 \times \frac{4.425‰ \times (1+4.425‰)^{180}}{(1+4.425‰)^{180} - 1} = 2421 元$$

即借款人每月向银行还款2421元，15年后，30万元的借款本息就全部还清。期满后甲共需偿付本息435780元，其中利息135780元。

2. 等额本金还款法

等额本金还款法，又称"递减还款"，即借款人每月等额偿还贷款本金，贷款利息随本金逐月递减并结算还清的方法。其特点是每月归还贷款本金相等，利息则按贷款本金余额逐月计算，前期还贷金额较大，以后每月还款额逐渐减少。由于还款额是逐月递减，因此每个月的还款额都是不等的。

每月还款额 = 贷款本金 ÷ 还贷期数 + (本金 - 已归还本金累计额) × 月利率

其中： 还款期数 = 贷款年限 × 12

例如同样的商业性贷款30万元，贷款年限为15年，月利率为5.31% ÷ 12 = 4.425‰，

每个月归还的本金：300000 ÷ (15 × 12) = 1666.67元

第一个月的利息：300000 × 4.425‰ = 1327.5元

则第一个月还款额为1666.67 + 1327.5 = 2994.17元

第二个月的利息：(300000 - 1666.67) × 4.425‰ = 1320.12元

则第二个月还款额为1666.67 + 1320.12 = 2986.79元

……

第180个月的利息：(300000 - 1666.67 × 179) × 4.425‰ = 7.38元

则第180个月(最后一个月)的还款额为1666.67 + 7.38 = 1674.05元

采用等额本金还款法，借款人第一个月向银行还款2994.17元，以后每个月还款额比上个月减少7.38元，最后一个月还款额减为1674.05元。同样15年后，30万元的借款本息就全部还清。期满后借款人共需偿付本息420139.8元，其中利息120139.8元。

项目八：模拟售楼

训练目标：通过模拟售楼掌握售楼基本流程与操作，掌握售楼礼仪与接待客户的方法技巧，能熟练推介楼盘，能熟练完成各种售楼资料的记录与各种表格的填写，能熟练计算按揭款项和税费。

1. 接听电话训练

强化能力：电话礼仪

(1) 接听电话时必须态度和蔼，语言亲切。一般先主动问候"XX花园或公寓，您好"，之后开始交谈。

（2）通常，客户在电话中会问及价格、地点、面积、格局、进度、贷款等方面的问题，销售人员应扬长避短，在回答中将产品卖点巧妙地融入。

（3）在与客户交谈时，设法取得我们想要的资讯。

第一要件：客户的姓名、地址、联系电话、等个人背景情况的资讯。

第二要件：客户能够接受的价格、面积、格局等对产品的具体要求的资讯。其中，与客户联系方式的确定最为重要。

（4）最好的做法是，直接约请客户来现场看房。

（5）马上将所得资讯记录在客户来电表上。

注意：①售楼人员上岗前应进行系统训练，统一说词。②应事先研究客户可能涉及的问题。③接听电话应以2～3分钟为限，不宜过长。④电话接听时，应尽量由被动回答转为主动介绍、主动询问。⑤约请客户时，应明确时间和地点，并且告诉他，你将专程等候。⑥应将客户来电信息及时整理、归纳。

2．迎接客户训练

强化能力：接待礼仪，站、坐、行姿态训练

（1）客户进门，每一个看见的销售人员都应主动招呼"欢迎光临"，提醒其他销售人员注意。

（2）销售人员立即上前，热情接待。

（3）帮助客户收拾雨具、放置衣帽等。

（4）通过随口招呼，区别客户真伪，了解所来的区域和接受的媒体。

注意：①销售人员应仪表端正、态度亲切。②接待客户或一人，或一主一辅，不要超过三人。③注意现场整洁和个人仪表，以随时给客户良好印象。④送客至大门或电梯间

3．介绍产品训练

（1）交换名片，相互介绍，了解客户的个人资讯情况。

（2）按照销售现场已经规划好的销售路线，配合灯箱、模型、样板房等销售道具，自然而又有重点的介绍产品（着重于地段、环境、交通、生活机能、产品机能、主要建材的说

明)。小区模型解说遵循由大到小、由外到内的原则,根据客户需求逐点细化讲解,让客户全面了解楼盘的情况。户型模型和样板房解说应先介绍该套房屋的面积、总价,而后按门口—厨房—餐厅—客厅—卧室—阳台的流程依次进行讲解,重点突出户型的优点与设计的独到之处。

4. 购买洽谈训练

(1) 倒茶寒暄,引导客户在销售桌前入座。

(2) 在客户未主动表示时,应该主动地选择一户作试探性介绍。

(3) 根据客户所喜欢的单元,在肯定的基础上,作更详尽的说明。

(4) 针对客户的疑惑点,进行相关解释,帮助其逐一克服购买障碍。

(5) 适时制造现场气氛强化其购买欲望。

(6) 在客户对产品有70%的认可度的基础上,设法说服他下定金购买。

> 注意:①强调楼盘的优势。②热情、诚恳,信任。③把握客户的真实需求,迅速制定应对策略。④注意区分客户中的决策者

> 注意:①入座时保证客户视野愉悦。②了解客户的真正需求与主要问题。③注意与现场同仁的交流与配合。④注意判断客户的诚意、购买能力和成交概率。⑤气氛自然亲切、掌握火候。⑥对产品的解释不虚构。⑦超越职权范围的承诺报告现场经理

5. 带看现场训练

(1) 结合工地现状和周边特征,边走边介绍。

(2) 按照房型图,让客户切实感觉自己所选的户别。

(3) 尽量多说,让客户始终为你所吸引。

> 注意:①带看工地路线应事先规划好,注意沿线的整洁与安全。②嘱咐客户带好安全帽及其他随身所带物品

6. 暂时未能成交训练

(1) 将销售海报等资料备齐一份给客户,让其仔细考虑或代为传播。

(2) 再次告诉客户联系方式和联系电话，承诺为其作义务购房咨询。
(3) 对有意的客户再次约定看房时间。

> **注意：** ①态度亲切，始终如一。②及时分析未成交的原因。③报告现场经理，采取相应的补救措施

7. 客户资料表填写训练

(1) 每接待完一组客户后，立即填写客户资料或登记表。
(2) 填写重点：客户联络方式和个人资讯、客户对产品的要求条件、成交或未成交的真正原因。
(3) 根据客户成交的可能性，将其分类为：很有希望、有希望、一般、希望渺茫这四个等级，以便日后有重点地追踪客户。

> **注意：** 客户资料越详尽越好，应妥善保存

强化能力训练： 客户登记表的填写

××楼盘客户登记表

编号：_____ 看楼时间：_____年_____月_____日

客户姓名：_____ 联系电话：_____

联系地址：_____

购买意向：____栋____座____房，建筑面积：_____平方米，价格：_____

看楼记录：

客户要求：

成交情况：A．成交　B．很有希望　C．有希望　D．一般　E．希望渺茫成交、未成交原因

售楼员：

8. 客户追踪服务训练

(1) 繁忙间隙，依客户等级与之联系，并随时向现场经理口头报告。
(2) 对于 A、B 等级的客户，销售人员应该列为重点对象，保持密切联系，调动一切可能，努力说服。
(3) 将每一次追踪情况详细记录在案，便于日后分析判断。
(4) 无论最后是否成交，都要婉转要求客户帮忙介绍客户。

> 追踪客户应注意：切入话题的选择、时间的间隔及追踪方式的变化。
> 切记：二人以上与同一客户有联系时，应该相互通气

9. 成交收定训练

(1) 客户决定购买并下定金时,利用销控对答告诉现场经理。

(2) 恭喜客户。

(3) 视具体情况,收取客户小定金或大定金,并告诉客户对买卖双方的行为约束。

(4) 详尽解释定单填写的各项条款和内容;总价款栏内填写房屋销售的表价;定金栏内填写实收金额,若所收的定金为票据时,填写票据的详细资料;若是小定金,与客户约定大定金的补足日期及应补金额,填写于定单上;与客户约定签约的日期及签约金额,填写于定单上;折扣金额及付款方式,或其他附加条件于空白处注明;其他内容依定单的格式如实填写。

(5) 收取定金,请客户、经办销售人员、现场经理三方签名确认。

(6) 填写完定单,将定单连同定金送交现场经理点收备案。

(7) 将定单第一联(定户联)交客户收执,告诉客户于补足或签约时将客户联带来。

(8) 确定定金补足日或签约日,详细告诉客户各种注意事项和所需带齐的各类证件。

(9) 再次恭喜客户。

(10) 送客户至大门外或电梯间。

强化能力训练:售楼定单的填写

××楼盘售楼定单

定单编号:_____ 时间:_____年___月___日

客户姓名:_____ 联系电话:_____

落定单元:_____栋___座___房,面积:_____平方米

总价:RMB_____元

定金:RMB_____元

约定事项:

(1) 客户应在规定时间内交齐定金,出售方在约定期限内不得将客户已落定的房屋再行销售。

(2) 定金为合约的一部分,定金的保留期限为7天,若客户在约定期限内无故毁约,则定金没收,所保留的单元将自由介绍给其他客户;出售方无故毁约的,按双倍定金予以赔偿。

(3) 在签订认购书后,客户所交定金充抵应付房款。

客户签名: 销售人员签名:

注意:①正式定单的格式一般为一式四联;定户联、公司联、工地联、财会联。②当客户决定购买但未带足现金时收取小定,小定金额不在于多,三四百元至几千元均可,保留日期一般为三天。③定金下限为1万元,上限为房屋总价款的20%,定金保留日期一般以七天为限。

10. 定金补足训练

(1) 定金栏内填写实收补足金额。

(2) 将约定补足日及应补金额栏划掉。

(3) 再次确定签约日期,将签约日期和签约金填写于定单上。

(4) 若重新开定单，大定金定单依据小定金定单的内容来填写。

(5) 详细告诉客户签约日的各种注意事项和所需带齐的各类证件。

(6) 恭喜客户，送至大门外或电梯间。

11. 换户训练

(1) 定购房屋栏内，填写换户后的户别、面积、总价。

(2) 应补金额及签约金，若有变化，以换户后的户别为主。

(3) 于空白处注明哪一户换至哪一户。

(4) 其他内容同原定单。

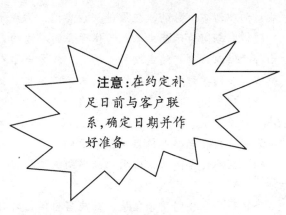

注意：在约定补足日前与客户联系，确定日期并作好准备

注意：填写完后，检查户别、面积、总价、定金、签约日等是否正确，并将原定单收回

12. 签订合同训练

(1) 恭喜客户选择我们的房屋。

(2) 验对身份证原件，审核其购房资格。

(3) 出示商品房预售示范合同文本，逐条解释合同的主要条款：转让当事人的姓名或名称、住所；房地产的坐落、面积、四周范围；土地所有权性质；土地使用权获得方式和使用期限；房地产规划使用性质；房屋的平面布局、结构、构筑质量、装饰标准以及附属设施、配套设施等状况；房地产转让的价格、支付方式和期限；房地产支付日期；违约责任；争议的解决方式。

(4) 与客户商讨并确定所有内容，在职权范围内作适当让步。

(5) 签约成交，并按合同规定收取第一期房款，同时相应抵扣已付定金。

(6) 将定单收回交现场经理备案。

(7) 帮助客户办理登记备案和银行贷款事宜。

(8) 登记备案且办好银行贷款后，合同的一份应交给客户。

(9) 恭喜客户，送客至大门外或电梯间。

强化能力训练：《商品房买卖合同》的填写

广州市《商品房买卖合同》范本
商品房买卖合同说明

(1) 签约之前，买受人应当仔细阅读本合同内容，与出卖人充分协商，对合同条款及专业用词理解不一致的，应该进一步咨询，达成一致意见。

（2）本合同为示范文本，为体现合同双方的自愿原则，本合同文本中相关条款后都有空白行，供双方自行约定或补充约定。双方当事人可以对文本条款的内容进行修改、增补或删减。合同签订后，未被修改的文本印刷文字视为双方同意内容。

（3）对合同文本【】中选择内容、空格部位填写及其他需要删除或添加的内容，双方应当协商确定。【】中选择内容，以划√方式选定；对于实际情况未发生或买卖双方不作约定时，应在空格部位打×，以示删除。

（4）在签订合同前，出卖人应当向买受人出示应当由出卖人提供的有关证书、证明文件。

（5）如果本合同用于预售，则应当自签订之日起三十日内将本合同送房地产交易登记机构办理预售备案手续。

商品房买卖合同

合 同 当 事 人：_____；
甲方（卖方）：_____；
注 册 地 址：_____；
营业执照号码：_____；资质证书号码：_____；
法 定 代 表 人：_____；联系电话：_____；邮编：_____；
委托代理机构：_____；
注 册 地 址：_____；
营业执照号码：_____；资质证书号码：_____；
法 定 代 表 人：_____；联系电话：_____；邮编：_____。
乙方（买方）：_____；
住 所（址）：_____；
国 籍：_____；性别：_____；出生年月：_____；
身份证/护照/营业执照号码：_____；
邮编：_____；联系电话：_____。
委托代理人姓名：_____；国籍：_____；
住所（址）：_____；
邮编：_____；联系电话：_____。
委托代理机构：_____；
注册地址：_____；
营业执照号码：_____；资质证书号码：_____；
法定代表人：_____；联系电话：_____；邮编：_____。

第一条 项目建设依据

甲方以_____方式取得位于_____编号为_____的地块的土地使用权，面积_____平方米，规划用途为_____，土地使用权年限自_____年____月____日至_____年____月____日止。

甲方经批准，在该地块上投资建设_____商品房（填写《预售许可证》记载的项目名称）。该项目的有关批文如下：

（1）《建设用地规划许可证》

颁发机关：_____；编号：_____；

（2）《建设工程规划许可证》

颁发机关：_____；编号：_____；

（3）《建设用地批准书》

颁发机关：_____；编号：_____；

（4）《国有土地使用权证》

颁发机关：_____；编号：_____；

（5）《建设工程施工许可证》

颁发机关：_____；编号：_____；

第二条　商品房销售依据

乙方购买的商品房为【现房】【在建商品房】。

（1）该商品房作为现房，已办理权属登记，登记机关为_____；并领取【房地产权证】【房地产权属证明书】，编号为_____。

（2）该商品房作为在建商品房，已具备《广东省商品房预售管理条例》规定的预售条件，已取得《商品房预售许可证》，编号为：_____；核发机关为_____。

第三条　合同标的基本情况

乙方所购商品房为本合同第一条规定的项目中的第_____【幢】_____【座】_____【单元】_____【层】_____号房，测绘地址：_____区_____路_____号_____房。

该商品房所在楼宇的主体结构为_____结构；建筑物地上层数为_____层，地下层数为_____层。

该商品房的用途为_____，层高为_____米。该商品房户型结构为_____厅_____厨_____卫，封闭式阳台_____个，非封闭式阳台_____个。

该商品房【合同约定】（适用于预售）【产权登记】（适用于现售）建筑面积共_____平方米，其中，套内建筑面积_____平方米，公共部位与共用房屋分摊建筑面积_____平方米。

买卖双方同意将【经规划部门批准的报建设计图】【甲方针对该商品房所作的具体、明确的说明（或广告）】【前期物业管理服务合同】作为本合同的附件，粘贴附于本合同文本的后面。

附件条款与本合同的正式条款具有同等的法律效力。

如无特别约定，该商品房在建筑材料、设计、防火、给水排水、隔音、照明、节能、车库等方面均应当符合有关的国家强制性标准的规定。

第四条　商品房所在小区的基本情况

（1）公共绿化面积_____平方米，道路面积_____平方米，游泳池面积_____平方米，物业管理用房_____平方米，垃圾房和垃圾压缩站_____平方米；

（2）停车场_____平方米；

（3）会所面积_____平方米，包含有_____；

（4）其他：＿＿＿＿＿＿＿＿＿＿＿＿＿＿＿＿＿＿＿＿＿＿＿＿＿＿＿＿＿＿＿。
以上设施的产权双方约定如下：＿＿＿＿＿＿＿＿＿＿＿＿＿＿＿＿＿＿＿。

第五条 物业管理

在物业管理区域业主委员会选举产生之前，小区物业管理服务由甲方或其选聘的物业管理公司提供。

甲方应采取符合《物业管理条例》规定的方式和条件选聘物业管理公司。

乙方在签订本买卖合同时，应与甲方或其委托的物业管理公司签订《物业管理服务协议》。

签订《物业管理服务协议》时，甲方应详细说明其选聘的物业管理公司的基本情况及选聘过程是否符合《物业管理条例》的要求。

第六条 基本术语的含义

双方同意，合同中出现的基本术语作如下理解：

（1）首层：本合同所指首层以经市规划管理部门批准的设计图纸的标注为准；

（2）建筑面积：房屋外墙（柱）勒脚以上各层的外围水平投影面积，包括阳台、挑廊、地下室、室外楼梯等，且具备有上盖，结构牢固，层高 2.20m 以上（含 2.20m）的永久性建筑；

（3）套内建筑面积：套内使用面积、套内墙体面积与套内阳台建筑面积之和；

（4）层高：是指地面至楼面或楼面至楼面、楼面至瓦底之间的垂直距离。计算建筑面积的房屋结构，层高均应在 2.20m 以上（含 2.20m）；

（5）共有建筑面积：整栋建筑物的建筑面积扣除整栋建筑物各套（单元）套内建筑面积之和，并扣除已作为独立使用的地下室、车棚、车库、为多幢服务的警卫室、管理用房、以及人防工程等建筑面积，即为整栋建筑的共有建筑面积，其内容包括：

1）电梯井、管道井、楼梯间、垃圾道、变电室、设备间、公共门厅和过道、地下室、值班警卫室以及为整栋服务的公共用房和管理用房的建筑面积，以水平投影面积计算；

2）套（单元）与公共建筑之间的分隔墙以及外墙（包括山墙）水平投影面积一半的建筑面积。

（6）已支付房价款：在按揭贷款购房场合，该款项不限于乙方自行支付的首期价款，还包括以贷款向甲方支付的款项。

（7）＿＿＿＿＿＿＿＿＿＿＿＿＿＿＿＿＿＿＿＿＿＿＿＿＿＿＿＿＿＿＿＿＿。

（8）＿＿＿＿＿＿＿＿＿＿＿＿＿＿＿＿＿＿＿＿＿＿＿＿＿＿＿＿＿＿＿＿＿。

第七条 计价方式与价款

甲方与乙方约定按下述第＿＿＿＿＿＿种方式计算该商品房价款：

（1）该商品房属【现售】【预售】，按套内建筑面积计价，该商品房单价为（＿＿＿＿＿币）每平方米＿＿＿＿＿＿元，总金额（＿＿＿＿＿＿币）＿＿＿＿＿＿元（大写：＿＿＿＿＿亿＿＿＿＿＿仟＿＿＿＿＿佰＿＿＿＿＿拾＿＿＿＿＿万＿＿＿＿＿仟＿＿＿＿＿佰＿＿＿＿＿拾＿＿＿＿＿元）整。

公共部位与共用房屋分摊建筑面积的建设费用已分摊计入上述套内建筑面积销售单价内，不再另行计价。

（2）商品房属【现售】【预售】，按【套】【整层】【整幢】出售并计价，总金额（_____币）_____元（大写：_____亿_____仟_____佰_____拾_____万_____仟_____拾_____元）整。

第八条　付款及期限

该商品房为预售商品房的，甲方在办妥本预售合同备案后，应当及时通知乙方；乙方应当自接到通知之日起15日内将【首期款】【全部购房款】支付到《商品房预售许可证》指定的售房款银行监控账号上。

监控银行：_____；

监控账号：_____。

甲方同意乙方按下列第____种方式按期付款：

1. 一次性付款

2. 分期付款

（1）第一期：自甲方通知本预售合同备案办妥之日起15日内，支付全部房价款的_____%，计（_____币）_____亿_____仟_____佰_____拾_____万_____仟_____佰_____拾_____元整。

（2）第二期：自第一期款支付之日起_____【日】【月】【年】内支付全部房价款的_____%，计（_____币）_____亿_____仟_____佰_____拾_____万_____仟_____佰_____拾_____元整。

（3）第三期：自第二期款支付之日起_____【日】【月】【年】内支付全部房价款的_____%，计（_____币）_____亿_____仟_____佰_____拾_____万_____仟_____佰_____拾_____元整。

（4）第四期：自第三期款支付之日起_____【日】【月】【年】内支付全部房价款的_____%，计（_____币）_____亿_____仟_____佰_____拾_____万_____仟_____佰_____拾_____元整。

（5）第五期：自第四期款支付之日起_____【日】【月】【年】内支付全部房价款的_____%，计（_____币）_____亿_____仟_____佰_____拾_____万_____仟_____佰_____拾_____元整。

3. 其他方式_____

第九条　乙方逾期付款的违约责任

乙方如未能按本合同规定的期限付款，按下列第_____种方式处理：

（1）按逾期时间，分别处理（不作累加）

1）逾期不超过_____日，自本合同第八条规定的最后交付期限的第二日起至实际支付之日止，乙方按日向甲方支付逾期应付房价款万分之_____的违约金，合同继续履行。

2）逾期超过_____日后，甲方有权单方解除合同。甲方解除合同的，乙方应按累计逾期未付款的_____%向乙方支付违约金。经甲方同意，合同可继续履行，自合同第八条规定的最后交付期限的第二日起至实际交付之日止，乙方按日向甲方支付逾期应付房价款万分之_____（该比率应不小于第1项的比率）的违约金。

（2）_____，_____。

第十条　交房期限

甲方应当在_____年_____月_____日前将作为本合同标的的房屋交付乙方使用。

因不可抗力或者当事人在合同中约定的其他原因，需延期交付使用的，甲方应当及时书面告知乙方。

交付后，甲方不得以房屋已交付使用为借口懈怠其在本合同中应承担的其他义务，如：办理产权证的义务等。

第十一条　交房条件

甲方交付的房屋应当符合下列第____种条件：

(1) 该商品房已向有关政府部门办妥竣工验收备案手续；

(2) 该商品房经综合验收合格；

(3) 该商品房经分期综合验收合格。

以上交房条件，双方可以任选其一。

双方可以就该商品房的装饰、附属设备的规格、标准等进行协商，达成的一致意见作为本合同的附件。

双方可以在上述条件之外，另行约定交房条件：_____。

第十二条　房屋及有关资料的交接

商品房达到交付使用条件后，甲方应当在合同约定的交付日日前通知乙方办理交接手续。乙方应在收到该通知之日起_____日内，会同甲方对该房屋进行验收交接。房屋交付的标志是_____。

在双方进行验收交接时，甲方应当出示本合同第十一条约定的房屋交付条件的证明文件及有关资料，并签署房屋交接单。所购商品房为住宅的，甲方还须提供《住宅质量保证书》和《住宅使用说明书》。

如果甲方不出示上述证明文件及有关资料或出示不齐全，乙方有权拒绝接受交付，由此产生的延期交房的责任由甲方承担；即使乙方接受交付，仍有权追究甲方的延期交房的责任。

由于乙方原因，未能按期交付的，双方同意按以下方式处理：_____。

第十三条　延期交房的违约责任

甲方如未能按本合同规定的期限交房，按下列第_____种方式处理：

(1) 按逾期时间，分别处理（不作累加）：

1) 逾期不超过　日，自本合同第十条规定的最后交房期限的第二日起至实际交付之日止，甲方按日向乙方支付已支付房价款万分之_____的违约金，合同继续履行。

2) 逾期超过　日后，乙方有权单方面解除合同。如果乙方要求继续履行的，合同继续履行，自本合同第十条规定的最后交房期限的第二日起至实际交付之日止，甲方按日向乙方支付已付房价款万分之_____（该比率应不小于第1项的比率）的违约金。

(2) _____。

第十四条　风险责任的转移

该商品房的风险责任自交付之日起由甲方转移给乙方。如乙方未按约定的日期办理该房屋的验收交接手续，甲方应当发出书面催告书一次。乙方未按催告书规定的日期办理该房屋的验收交接手续的，则自催告书约定的验收交接日之第二日起该房屋的风险责任转移由乙方承担。

第十五条　面积确认及面积差异处理

根据买卖双方选择的计价方式，本条规定以套内建筑面积（本条款中均简称面积）为依据进行面积确认及面积差异处理。

当事人选择第七条计价方式2的，不适用本条约定。

合同约定计价面积与实测计价面积有差异的，以实测计价面积为准。

商品房交付后，实测计价面积与合同约定计价面积发生差异，双方同意按以下第_____种方式进行处理：

1. 方式一

(1) 面积误差比绝对值在3%以内（含3%），按照合同约定的价格据实结算；

(2) 面积误差比绝对值超出3%，乙方有权单方面解除合同。

乙方同意继续履行合同，房屋实际面积大于合同约定面积的，面积误差比在3%以内（含3%）部分的房价款由乙方按照约定的价格补足，面积误差比超出3%部分的房价款由甲方承担，所有权归乙方；房屋实际面积小于合同约定面积的，面积误差比在3%以内（含3%）部分的房价款及利息由甲方返还乙方，面积误差比超过3%部分的房价款由甲方双倍返还乙方。

面积误差比＝（实测计价面积－合同约定计价面积）/合同约定计价面积×100%。

2. 方式二

双方自行约定如下：

(1) _____；
(2) _____；
(3) _____；
(4) _____。

第十六条　预售合同备案手续的办理

甲方应当在本合同签定之日将本合同复印件交乙方收执，并于本合同签订之日起_____日（不超过30日）内向广州市房地产交易登记机构申请办理本预售合同备案手续。申请办理的标志为交易登记机构开具的窗口收件回执。

乙方应依照有关法律法规的规定将办理预售合同备案所需的应由其提供的证件资料在签订合同后5日内提交甲方，以备甲方办理本预售合同备案之用。

甲方应在签订合同时如实告知乙方为办理预售合同备案需要由乙方提供的证件资料。甲方未告知或告知的内容不完备、不准确，致使乙方未能在前款规定的期限内提交证件资料的，乙方不承担责任。

第十七条　甲方迟延办理预售合同备案的违约责任

甲方如未能按照本合同第十六条规定的期限办理预售合同备案的，按照下列第_____种方式处理：

(1) 按逾期时间，分别处理：

1) 逾期不超过60日的，甲方应向乙方支付____元人民币的违约金，合同继续履行。

2)逾期超过60日的,乙方有权单方解除合同。如果乙方同意继续履行合同的,合同应继续履行,甲方应向乙方支付____元人民币(此数额不应小于前项规定的违约金数额)的违约金。

以上两项适用于逾期后乙方未有催告的情形。

逾期后,乙方催告的,甲方应在乙方催告之日起20日内办妥备案手续,如果未能在20日内办妥,乙方有权单方解除合同。如果在20日内办妥备案手续的,合同应继续履行,乙方仍有权要求甲方支付____元人民币的违约金。

(2)_____。

第十八条 乙方迟延提交备案资料的违约责任

乙方迟延提交十六条第二款规定的证件资料的,应向甲方支付_____元人民币的违约金。

乙方迟延提供证件资料超过30日的,或者逾期后经甲方催告15日内仍未提供的,甲方有权解除合同;甲方同意合同继续履行的,合同应继续履行,并且,乙方仍应按照本条前款的规定承担违约责任。

乙方提供证件资料不齐全,致使登记机构不受理或退回备案申请的,视同未提供。

第十九条 规划、设计的变更

该商品房预售后,甲方不得擅自变更该商品房项目的规划、设计。确需变更的,甲方应书面征得乙方同意并报规划管理部门审核批准。不同意变更的乙方可要求解除买卖合同。甲方应在乙方提出解除合同之日起30日内退回已付购房款及利息(以付款日起至退款日止为期,以退款期日同期银行房地产开发贷款利率计算)。

第二十条 权利瑕疵担保

甲方应当保证作为本合同标的的商品房不存在权利瑕疵,即未设定抵押权、租赁权等;无赔偿义务,如欠缴税费、出让金等;也不存在被法院或其他国家机关、机构、部门查封的情况。

若存在权利瑕疵,甲方应在乙方指定的期限内或合理期限内消除瑕疵;超过指定期限或合理期限未消除瑕疵的,乙方有权单方面解除合同。

第二十一条 产权登记

双方同意选择以下第_____方式办理产权登记:

1. 甲方办理

甲方应当在商品房交付使用后_____日内,向产权登记机关为乙方办妥产权登记,并将以乙方为产权人的房地产权证交付乙方。

在此场合,乙方应当及时提供产权登记机关要求的需乙方提供的证件资料。

甲方应如实告知乙方为办理产权登记需要由乙方提供的证件资料。甲方未告知或告知的内容不完备、不准确,致使乙方未能及时提供证件资料的,乙方不承担责任。

2. 乙方办理

在甲方办结初始登记的前提下,乙方自行办理产权登记的,甲方应在商品房交付使用后_____日内将登记机关要求的需甲方提供的证件资料提交乙方。

第二十二条 迟延办理产权登记的违约责任

甲方违反第二十二条的约定的,乙方有权按照下列第_____项处理:

（1）乙方单方面解除合同并退房。
（2）乙方不退房，甲方按已付房价款的_____%向乙方支付违约金。
（3）_____。

第二十三条 甲方关于装饰、设备标准承诺的违约责任

甲方交付使用的商品房的装饰、设备标准应符合双方约定（附件四）的标准。达不到约定标准的，乙方有权要求甲方按照下述第____种方式处理：
（1）甲方赔偿双倍的装饰、设备差价；
（2）_____；
（3）_____。

第二十四条 乙方单方解除权的行使

乙方行使本合同约定的单方面解除本合同的权利时，应书面通知甲方，甲方应在收到乙方的书面通知之日起_____日内将乙方已支付的房价款（包括利息，利息按中国人民银行公布的同期房地产开发贷款利率计算）全部退还乙方，并承担赔偿责任，赔偿金额为已支付房价款的_____%，在退还房款时一并支付给乙方。

第二十五条 甲方关于基础设施、公共配套建筑正常运行的承诺

甲方承诺与该商品房正常使用直接关联的下列基础设施、公共配套建筑按以下日期达到使用条件：
（1）_____；
（2）_____；
（3）_____；
（4）_____；
（5）_____。

如果在规定日期内未达到使用条件，双方同意按以下方式处理：
（1）_____；
（2）_____；
（3）_____。

第二十六条 保修责任

乙方购买的商品房为商品住宅的，《住宅质量保证书》作为合同的附件。甲方自商品住宅交付使用之日起，按照本合同以及《住宅质量保证书》的承诺内容承担相应的保修责任。

乙方购买的商品房为非商品住宅的，双方应当以合同附件形式详细约定保修范围、保修期限和保修责任等内容。

在商品房保修范围和保修期限内发生质量问题，甲方应当履行保修义务。因不可抗力或者非甲方原因造成的损坏，甲方不承担责任。

第二十七条 专项维修基金

乙方应当按照有关规定缴纳专项维修资金。维修资金属于乙方所有，在签订购房合同后缴交，存入房地产行政主管部门指定的中国农业银行广东省分行营业部，账户名称：广州市物业专项维修资金，账号44-038201040013229。存款的专用卡由乙方自己妥善保管。

第二十八条 双方可以就下列事项约定：
(1) 该商品房所在楼宇的屋面使用权属全体业主共同所有；
(2) 该商品房所在楼宇的外墙面使用权属全体业主共同所有；
(3) _____。
(4) _____。

第二十九条 乙方使用房屋注意事项
乙方的房屋仅作_____使用，乙方使用期内不得擅自改变该商品房的建筑主体结构、承重结构和用途。除本合同及其附件另有规定者外，乙方在使用期间有权与其他权利人共同享用与该商品房有关联的公共部位和设施。并按占地和公共部位与共用房屋分摊面积承担义务。
甲方不得擅自改变与该商品房有关联的公共部位和设施的使用性质。

第三十条 本合同在履行过程中发生的争议，由双方当事人协商解决；协商不成的按下述第_____种方式解决：
(1) 提交广州仲裁委员会仲裁；
(2) 提交仲裁委员会仲裁；
(3) 依法向人民法院起诉。

第三十一条 本合同未尽事宜，可由双方约定后签订补充协议作为本合同附件。

第三十二条 合同附件与正文具有同等法律效力。本合同及其附件内，空格部分填写的文字与印刷文字具有同等效力。

第三十三条 本合同连同附件共_____页，一式_____份，具有同等法律效力，合同持有情况：甲方_____份，乙方_____份，广州市房地产交易登记所_____份。

_____年_____月_____日签订于广州市_____区

附件一：经规划部门批准的报建设计图
附件二：甲方针对该商品房所作的说明（含广告）
附件三：前期物业管理服务合同
附件四：装饰、设备标准

1. 外墙
2. 内墙
3. 顶棚
4. 地面
5. 门窗
6. 厨房
7. 卫生间
8. 阳台
9. 电梯
10. 其他

附件五：合同补充协议

注意：(1) 签合同最好由购房户主自己填写具体条款，并一定要其本人亲自签名盖章。(2) 由他人代理签约，户主给予代理人的委托书最好经过公证。(3) 签约后的合同，应迅速交地产交易管理机构审核，并报房地产登记机构登记备案。
牢记：登记备案后，买卖才算正式成立

13. 退户训练

(1) 分析退户原因，明确是否可以退户。
(2) 报现场经理或更高一级主管确认，决定退户。
(3) 结清相关款项。
(4) 将作废合同收回，交公司留存备案。

项目九：新建商品房产权证的办理实训

训练目标：了解买卖双方需要提交的材料，熟悉产权证办理的步骤，熟悉当地房地产权证办理的收费标准。

（一）资料准备

当事人需提交的材料

1. 卖方（房地产商）

(1) 房地产权证（新建商品房房地产权证）；
(2) 商品房预售合同或商品房出售合同；
(3) 企业法人营业执照（复印件）、法定代表人资格证明、法定代表人授权委托书、代理人身份证件。

2. 买方

(1) 商品房预售合同或商品房出售合同；
(2) 购房者身份证明（身份证、护照等）或企业法人营业执照（复印件）、夫妻共同登记需提供户口簿或结婚证明；
(3) 机关、团体、国有企业需提供上级主管单位的批准文件，事业单位需提供上级主管单位同意购房的证明，集体企业需提供职工代表大会同意购房的决议，有限公司或股份公司需提供公司董事会同意购房的决议；
(4) 付款凭证（复印件）；
(5) 授权委托书、代理人身份证明；
(6) 法定代表人资格证明、身份证明。

（二）办证

1. 提交材料

买卖双方当事人（或其代理人）共同到房屋所在市、区、县房地产交易中心提交上述材料，填写房地产登记申请书和房屋产权转移申请书。

2. 预登记（初审）

交易中心经过初审认为合格的，送房地产测绘部门配图、绘制房屋平面图的地籍图。初审不合格的，退还给申请人，并说明理由。

3. 配图

房地产权证需附有地籍图和房屋平面图，这些图纸是对房屋及其相应分摊土地面积的确认和标定，必须由房地产管理部门认定的测绘部门绘制并加盖公章。买房人也需在图纸上签字或盖章。

地籍图和房屋平面图一式两份，一份制作房地产权证，一份在房地产登记机构保存。购房者应支付图纸费和勘丈费用。

4. 缴纳税费

经过房地产管理部门确认，购房者即可正式办理房屋产权过户手续，缴纳有关税费。

（1）契税。

契税占房屋成交价的3%。个人购买自用普通住宅的，减半征收，个人实际缴付1.5%。个人购买非普通住宅的，按房屋成交价的3%征收。

（2）印花税。

印花税占房屋成交价的0.03%。买卖双方都应缴付印花税，由税务部门收取。

（3）过户手续费。内销商品房首次交易的手续费为房屋成交价的0.08%，买、卖双方各自支付0.08%，由房地产登记部门收取；外销商品房首次交易，由买方缴付房屋成交价的0.5%。

1998年11月1日后，个人购买空置商品住宅并签订出售合同或预售合同的房屋交接书的，交易手续费减半收取，即为房价款的0.04%（内销房）或0.25%（外销房）。

所谓空置商品住宅，是指房地产开发企业在上海投资建造的、符合出售条件、自竣工验收之日起已超过一年、尚未出售或出租的新建住宅。

申请人享受减半收费时需提供该商品住宅的新建住宅交付使用许可证或住宅竣工日期确认单（复印件）。

5. 审核

购房者把房屋交易材料、身份证明、纳税证明送交房地产登记部门，由登记部门审核。

6. 制证、发证

购房者需支付房地产权证工本费和5元印花税。

从申请登记到发证，一般需要30天左右。

附：广州市新购商品房办理房地产证收费标准

交易过户——购房业主

费用名称	收费标准	收费依据	缴交方
房屋所有权登记费	单位登记80元/宗 个人登记50元/宗 每增加一本证书可按每本10元收取工本费	穗价〔1999〕217号 穗价〔2000〕58号 穗价〔2002〕123号 穗价〔2003〕104号 粤价函〔1999〕532号 粤价〔2002〕163号 计价格〔2002〕595号 穗价〔2003〕1号 粤价〔2002〕116号 穗价函〔2003〕387号	登记方承担

续表

费用名称	收费标准	收费依据	缴交方
交易手续费	卖方：3元/m² （商品房、集资房） 卖方：1.5元/m² （解困、安居、房改房）	穗价［2002］97号 粤价［2002］108号	卖方承担
权证印花税	5元/本		买方承担
契税	解困房、安居房及商品房的个人购买 普通住宅：交易价×1.5% 其余：交易价×3% 集资房按规定标准1.5%计算，其征收基数：近郊1000元/m²；中郊700元/m²；远郊500元/m²		买方承担
印花税	卖方：交易金额×0.05% 买方：交易金额×0.05%	此项费用不由交易中心代征，而由市地税局收取	买卖双方共同承担

项目十：顾客异议处理训练

训练目标：培养学生良好、稳定的心理素质，掌握应对顾客异议的基本方法和技巧。

1. 产品异议，即认为本楼盘没有其他的楼盘好。

应对练习：售楼员要提出自己的看法，拿本楼盘与其他楼盘对比澄清疑点，让顾客对本楼盘及开发商有更多的了解。

要求：熟悉楼盘的情况，熟悉竞争对手的产品情况，有说服力，使顾客产生共鸣而达到诱导成交。

2. 需求异议，表明目前不想购买。

应对练习：充满信心，不能有不耐烦或不愿接待的情绪。用良好的接待礼仪和为人修养打动顾客，给顾客留下好印象，争取让他能够向亲朋好友推介本楼盘。

要求：耐心、信心、礼貌。

3. 价格异议，认为价格过高，无力购买。

应对练习：售楼人员要根据客户的不同类型，做出有针对性的解释或处理意见。

要求：耐心、细致、把握机会，不能伤害顾客。

4. 时间异议，即顾客有意拖延成交时间的一种异议。

应对练习：回答"让我想一下，过几天给你回信"、"我还要回去商量一下"等问题。

要求：随机应变，不能伤害顾客。

复习思考题

实训结束，要求学生每人撰写一份实训总结报告，主要内容是：

1. 对售楼工作的认识；
2. 对售楼人员必备知识和能力的认识；
3. 通过训练，学生自己获得了哪些能力的提高？

第四章 房地产居间业务流程与实训

理论内容
- 房地产转让居间业务流程
- 房地产租赁居间业务流程
- 房地产居间人的权利和义务
- 二手房交易经纪人服务的注意事项

实训内容
- 二手房买卖居间业务实训
  - 项目一：房屋买卖居间业务流程训练
  - 项目二：委托出售/出租业务模拟训练
  - 项目三：委托购房业务训练
  - 项目四：税费相关知识训练
  - 项目五：佣金的结算训练
- 房屋租赁居间业务实训
  - 项目一：房地产租赁服务模拟训练
  - 项目二：二手房地产交易纠纷的处理实训

第一节 房地产居间业务流程

房地产居间业务是房地产经纪业务中最典型的一种，房地产经纪人为交易双方提供信息条件，撮合双方成交。在房地产居间业务中，最常见的有两种类型，即房地产转让居间和房地产租赁居间。

一、房地产转让居间业务流程

房地产转让是指房地产权利人通过买卖、赠与或其他方式将其房地产转移给他人的行为。房地产经纪人在房地产转让居间业务中的主要工作是为房地产转让交易双方提供信息，代办手续，成交后收取佣金。房地产转让居间根据房地产经纪人发挥的作用不同，可以分为房地产委托出售、房地产委托购买、房地产委托交换和代办房地产交易手续。一般地，房地产转让居间的业务流程为：

1. 卖方向经纪机构提供房地产产权证明文件，经纪机构填写客户转让的物业资料。
2. 卖方与经纪机构签署卖方《委托代理协议书》或《居间合同》明确业务关系与销售条件。
3. 经纪机构勘察物业，核实并确保待售物业产权的真实性、合法性和有效性。
4. 经纪机构进行市场推广宣传，寻找购买方。

5. 经纪人了解购房客户需求，推荐房屋，带购房客户看楼。

6. 经纪人与购房客户洽谈、协调双方交易价格。

7. 买卖双方签订房地产买卖合同，并按合同交纳费用。

8. 经纪人协助办理房地产转让登记手续。

9. 卖方向买方提交结清该物业费、水电费、电话费等费用的证明资料，买方向卖方补足购房余额。

10. 经纪机构结算佣金。

房地产转让居间详细流程如图4-1所示。

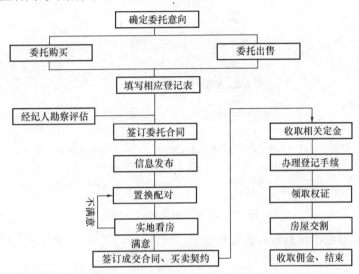

图4-1 房地产转让居间业务流程

二、房地产租赁居间业务流程

房屋租赁，是指房屋所有权人作为出租人将其房屋出租给承租人使用，由承租人向出租人支付租金的行为，包括房屋所有权人将房屋出租给承租人居住或提供给他人从事经营活动、以合作方式与他人从事经营活动几种情形。一般地，房屋租赁的业务流程是：

1. 经纪机构接受委托；

2. 经纪机构查勘核实物业；

3. 经纪机构市场推广；

4. 洽谈签约；

5. 经纪机构协助办理租赁登记手续；

6. 租赁双方结清物业、水电等费用，承租方交纳保证金，并按合同支付租金；

7. 经纪机构结算佣金。

房地产租赁业务详细流程如图4-2所示。

三、房地产居间人的权利和义务

1. 权利

（1）有权获取委托人委托事项的全面真实材料和有关背景材料；

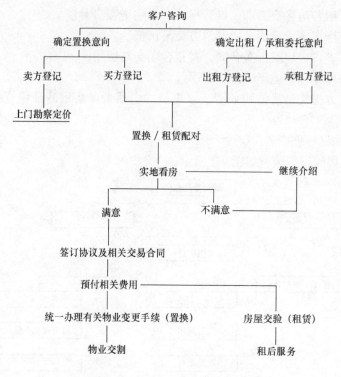

图 4-2 房地产租赁居间流程图

(2) 在完成委托事项后有权收取佣金。

2. 义务

(1) 真实反映委托人与第三方的签约条件、履约能力等有关情况;

(2) 积极寻找符合委托方签约条件的第三方,并从中撮合促成其签约,完成委托事项。

四、二手房交易经纪人服务的注意事项

(一) 注意对买卖主体的审查

1. 买方主体审查

二手房购买人可以是中华人民共和国境内、外的自然人、法人和其他组织。基于各种财产目的和利益,购买人可以以自己的名义购买,也可以以他人的名义购买,还可以设定房屋信托持有和管理房屋。

2. 卖方主体资格审查

二手房转让人应当是依法登记在房屋产权登记簿上,房屋所有权证书记载的房屋所有权人。转让人可以是中华人民共和国境内的自然人、法人,也可以是境外的自然人、法人或者其他组织。

(二) 注意对房屋产权的调查与审核

1. 权属审查

经纪人应当审查二手房的权属证明及相关文件,最好向房地产登记机关调查核实权利证书及其记载内容的真实性、同一性,了解拟交易的房屋是否有产权争议,没有依法进行

产权登记并取得房地产权证书的房屋，不得买卖。

2. 共有财产审查

在审查房屋所有权证书时，应当关注拟交易的房地产是否具有共有权人，经纪人员应当查明房屋是否具有共有权人，二手房属于两个以上（含两个）主体共有的，应当审查（提交）共有权人同意转让的书面证明。

3. 权利限制审查

二手房交易前，要审查司法机关有无依法裁定查封的情况及行政机关有否决定查封或者以其他形式限制二手房屋所有权的情况。

4. 他项权利设置审查

主要审查二手房有无抵押等他项权利设置或是否为正在出租的房屋等情况。是抵押房的，要通知抵押权人；如果房屋出租的，应当通知承租人，不能取得承租人的书面同意，买卖合同也可能被宣告无效。提前通知的合理的期限一般为三个月。

5. 优先购买权审查

共有的二手房买卖时，在同等条件下，二手房共有人享有优先购买权。已经出租的二手房买卖时，在同等条件下，二手房承租人享有优先购买权。经纪人员应当审查二手房优先购买权人有无放弃优先购买权的证明。如果没有取得优先购买人的放弃优先购买权的书面文件，买卖合同可能被宣告无效。

6. 二手房买卖的禁止

下列情形的二手房禁止买卖：

（1）司法机关和行政机关依法裁定，决定或者以其他方式限制二手房权利的；

（2）依法收回土地使用权的；

（3）共有二手房，未经其他共有人书面同意的；

（4）权属有争议的；

（5）未依法登记领取权属证书的；

（6）已抵押，但是没有将出卖情况书面通知抵押权人的；

（7）法律、行政法规规定禁止转让的其他情形。

若是已购公有住房和经济适用住房买卖，还要审查已购公有住房和经济适用住房有无下列禁止买卖情形之一：

（1）以低于房改政策规定的价格购买且没有按照规定补足房价款的；

（2）住房面积超过省、自治区、直辖市人民政府规定的控制标准，或者违反规定利用公款超标准装修，且超标部分未按照规定退回或者补足房价款及装修费用的；

（3）处于户籍冻结地区并已列入拆迁公告范围内的；

（4）上市出售后形成新的住房困难的；

（5）擅自改变房屋使用性质的；

（6）法律、法规以及县级以上人民政府规定其他不宜出售的。

已购买经济适用住房的家庭未住满5年的不得按市场价格出售住房。确需出售的，可出售给符合经济适用住房购买条件的家庭或由政府相关部门收购，出售单价不得高于购买时的单价。

已购买经济适用住房的家庭住满5年的，可以按市场价格出售。由出售人到房屋所在地区、县国土房管局按成交额的10%缴纳综合地价款。

（三）经纪人员应该注意首先对所要出售的房屋的整体状况有所了解

1．房屋建筑结构，楼层，档次，价位；

2．户型，采光面，房屋的朝向；

3．价格和面积；

4．水、电、气，及通讯、电视线路状况；

5．交通状况；

6．社区环境，配套设施情况，幼儿园、医院、商店、车库等；

7．物业管理模式；

8．绿化率。

（四）经纪人员应注意掌握客户心理，随机应变，不越权表态

1．根据客户来看房的时间，可以掌握客户是否急于买房。如是节假日还是工作日，是上午还是下午。

2．尽量争取将确实想买房的客户留住，并签定《居间合同》。

3．制造紧张气氛，造成很多客户同时看中某套房的假象。

4．给客户面子，有些客户不懂而装懂，售楼人员可迎合之，利导之，让他决定购买。

5．在价格问题上，应口气坚定，不轻易让步。

对有备而来或专业内行人士来买房，不应夸海口作虚假陈述，以免给人以不诚信的感觉。

（五）实地看房主要注意事项

1．查看是否有私搭私建部分；

2．确认房屋的准确面积；

3．观察房屋的内部结构及装修的状况；

4．考核房屋的市政配套；

5．确认房子的供电容量，避免出现夏天开不了空调的现象；

6．要了解房屋的历史与邻居组合；

7．查验物业管理的水平；

8．了解往后居住的费用。

（六）签约过程主要注意事项

1．明确房屋产权细节。

2．签订房地产买卖合同尽量细化，切忌马虎行事。

3．特别注意：

（1）付款方式；

（2）屋内设施的交验细节；

（3）交房时间；

（4）中间人保证的合同内容；

（5）违约责任。

第二节　二手房买卖居间交易流程与实训

二手房买卖居间是房地产转让居间的主要形式。二手房买卖主要有私房买卖、公房买卖和房改房买卖，这三种形式虽然存在房源上的差异，但在具体操作流程和方法上基本一致。本实训以二手房交易为主，在有差异的地方将做特别的说明。

项目一：房屋买卖居间业务流程实训

训练目标：熟悉买、卖、居间方三者的主要业务和操作事项，可分角色训练。

1. 出售方
(1) 出售方填写一份物业委托申请；
(2) 出售方准备房屋权证、身份证及产权共有人同意出售的证明材料及相关证明备查；
(3) 出售方将委托申请书交给经纪公司；
(4) 房屋评估机构对待售物业进行实地勘察评估，确定物业的各项指标和市场价格；
(5) 出售方认可评估结果，与经纪公司签订正式的委托协议书。

2. 购买方
(1) 购买方在经纪公司填写一份物业需购登记；
(2) 购买方带好身份证及相关证件备验。

3. 房地产经纪公司
(1) 根据出售方、购买方的需求进行物业配对；
(2) 带领购买方实地看房；
(3) 撮合出售方、购买方确定买卖的条件，包括房屋价格、入住时间、房产证，以及双方所要承担的责任和义务等；
(4) 买卖双方达成协议；
(5) 签订居间合同和买卖合同，并且需要到交易中心办理过户手续，最后完成物业的交割。

项目二：委托出售/出租业务模拟训练

训练目标：了解委托出售/出租的业务流程并能实际动手操作，会接待客户，会填写各类表格，会填写委托合同。

1. 用户/房源开拓训练
(1) 模拟进行报纸、电台、宣传单等广告宣传形式设计；
(2) 模拟进行以吸引客户为目的公共关系活动策划；
(3) 讨论通过加强哪些方面的服务可以吸引客户前来代理放盘事宜；
(4) 将通过不同渠道收集到的放盘资料进行整理登记，填写楼盘登记表，放进收集箱；
(5) 资料员将资料输入电脑供各经纪人员查询；
(6) 所有放盘资料改动与跟进情况及时登记。

2. 业务洽谈训练

(1) 接待客户，了解物业概况，填写《委托出售房屋情况登记表》。

委托出售房屋情况登记表　　　　　　　　　　　　　表 4-1

登记号：　　　　　　　　　　　　　　　　　填表日期：　　年　月　日

\multicolumn{2}{c}{房屋座落}	\multicolumn{3}{c}{_____区_____路_____巷（街道）_____幢_____单元_____室}
\multicolumn{2}{c}{产权人姓名}		身份证号	
\multicolumn{2}{c}{同住人姓名}			
\multicolumn{2}{c}{联系人}		联系电话	邮政编码
\multicolumn{2}{c}{联系地址}			
\multicolumn{2}{c}{委托内容}	\multicolumn{3}{c}{□出售　　□出租　　□置换}
\multicolumn{2}{c}{需求时限}	\multicolumn{3}{c}{至_____年_____月_____日}
房屋参数	房屋面积	\multicolumn{3}{l}{建筑面积：_____m², 使用面积：_____m²}
	房屋类型	\multicolumn{3}{l}{□高层　□多层　□商用房　□平房　□别墅　□其他}
	房屋权属	\multicolumn{3}{l}{□单位产权　□个人产权　□房改房　□商品房　□使用权　□其他}
	权证号	\multicolumn{3}{l}{房产证号_____　土地使用权证号_____　租赁证号_____}
	房屋套型	\multicolumn{3}{l}{_____室_____厅_____卫_____厨_____阳台}
	卧室面积	\multicolumn{3}{l}{1._____m², 2._____m², 3._____m², 4._____m²}
	厅面积	\multicolumn{3}{l}{1._____m², 2._____m²}
	卫生间面积	\multicolumn{3}{l}{1._____m², 2._____m²}
	厨房面积	\multicolumn{3}{l}{1._____m²}
	阳台面积	\multicolumn{3}{l}{1._____m², 2._____m², 3._____m²}
	车库面积	\multicolumn{3}{l}{车库合用_____m², 车库独用_____m²}
	房屋楼层	\multicolumn{3}{l}{第_____层（共_____层），楼内层高_____m}
	房屋结构		建造年代	房屋朝向
房屋配套设施	装修情况	\multicolumn{3}{l}{□豪华装修　□一般装修　□无装修　□其他}
	生活设施	\multicolumn{3}{l}{□水　□电　□管道煤气　□有线电视　□电话　□网络}
	物业管理	□有　□无	其他	
委托要求	出售价格	单价	_____至_____元/m²	总价 _____元至_____元
	征租价格	单价	_____至_____元/m²	总价 _____元至_____元
\multicolumn{2}{c}{受理部门}			经办人
\multicolumn{2}{c}{备注}			

(2) 查验业主证件：

1)《房屋所有权证》(原件)；

2)《土地使用权证》(原件)；

3) 产权人的身份证(复印件)；

4) 户口簿（复印件、夫妻不在同一户口的提供夫妻关系证明）；

5) 房屋共有权人或18岁以上同住人同意书；

6) 物业公司同意上市交易证明。

(3) 向客户介绍本机构的状况；

（4）就经纪方式、佣金标准、服务标准以及拟采用的经济合同类型及文本等关键事项与客户进行协商，达成委托意向；

（5）将客户及客源资料输入数据库。

3．物业查验训练

（1）实地勘查：检查房屋结构和设备、上下水系统和供电系统是否正常，要检查工程质量，绘制简易平面图和区域示意图；

（2）权属审查：审查物业的权属状况，主要是物业权属的类别与范围、房地产其他权利设定情况、房地产的环境状况，包括标的物业相邻的物业类型、周边的交通、绿地、生活设施、自然景观、污染情况等；

（3）向有关人员或向邻近的开发商或代理商了解有关楼盘的资料；

（4）通过了解文字资料补充了解物业的情况，注意具有法律效力的文件（如产权证，项目批准文件）与非法律文件（如售楼说明书）的区别，非法律文件只能作为参考，不可作为确认物业的依据。

4．订立房地产经纪合同训练

（1）选定合同文本（可选用政府制订的房地产代理合同示范文本，也可由双方自行拟订合同文本）；

（2）仔细斟酌代理合同的相关条款，共同协商确定；

（3）代理合同要详细规定委托代理双方的权益和义务；

（4）协议条款应明确标的物的坐落、成交价格、中介服务费金额或比例、委托时限等。在签订中介协议时，可以收取一定的保证金。

《房地产委托出售合同》样本

委　托　方：_____（以下简称甲方）

受委托方：××房地产经纪有限公司（以下简称乙方）

根据《中华人民共和国合同法》及有关法律、法规的规定，就甲方委托乙方转让房屋的有关事宜自愿订立以下条款，共同严格遵守：

一、甲方委托乙方出售（甲方有处分权的）_____市_____区_____路_____号_____巷_____幢_____单元_____室，建筑面积_____ m^2 的房屋事宜，委托出售的底价约为人民币（大写）_____。

以上房屋房产所有权证编号：_____，国有土地使用权证编号：_____。

其余委托事项：

(1) _____。

(2) _____。

(3) _____。

二、委托期自本合同签订之日起6个月有效，期满后需延长委托日期的，甲、乙双方另行签订委托合同。

三、委托期内，乙方以自己的名义处理以下委托事务：

（1）在乙方各经营场所及其业务信息渠道展示甲方委托房屋的信息；

（2）介绍购房意向人看房；

（3）全权代理甲方与购房意向人洽谈转让房地产的所有事项；

（4）与甲方及购房意向人三方共同签订甲方委托上述房地产成交合同；

（5）根据成交合同，乙方代甲方接受购房意向人的购房定金，并在日内转交甲方。

四、委托期间，甲方应履行以下义务：

（1）甲方保证所提供给乙方的材料合法有效，无其他纠纷。如有经济法律纠纷，由甲方承担；

（2）不得拒绝乙方介绍购房意向人的看房要求，并按规定签核看房单回执；

（3）未经乙方同意，在委托期内不得再委托他人办理上述事务；

（4）在甲、乙方与购房人共同签订成交合同当日，甲方应将上述房屋的产权证（《房屋所有权证》和《国有土地使用权证》（原件）交付乙方代办有关手续。

五、乙方完成本合同约定委托事务的，在甲方委托的房屋买卖成交（以甲、乙方与购房意向人三方签订的《房屋置换成交合同》为准）当日，甲方应按委托转让房地产成交价_____%的比例支付服务费给乙方。

六、乙方代办上述房屋买卖手续所涉及甲方的有关税费由甲方承担。

七、甲方撤销委托应以书面形式，挂号邮寄通知乙方，乙方收到通知之日起第7天，本合同终止。合同终止后60天内，上述房屋买卖由甲方自行成交的，且房屋买受人或其同住人系乙方在本合同期内介绍察看过上述房屋的购房意向人，甲方应支付乙方本合同约定的服务费。

八、合同期内，甲方未经乙方同意将上述事务再委托他人或撤销委托的，应支付委托价格_____%的违约金。

九、甲方对所委托房屋转让的合法性负法律和经济责任。由于甲方的原因造成买受人经济损失的，甲方应负全额赔偿责任。

十、乙方超越本合同约定的委托权限而造成甲方损失的，乙方承担相应的法律及经济责任。

十一、双方约定的其他事项。

十二、本合同条款空格部分书写与铅印文字具有同等效力。

十三、本合同自双方签章后即行生效。本合同一式两份，双方各执一份。

委托方（签字）：_____　　受托方：××房地产经纪有限公司

身份证号：_____　　授权代表签字盖章：_____

通讯地址：_____　　通讯地址：_____

联系电话：_____　　联系电话：_____

　　　　　　　　　　　　　　　　签订地址：_____

　　　　　　　　　　　　　　　　签订日期：_____年___月___日

5. 信息的传播训练

（1）模拟进行报纸广告、宣传单张的信息散发与传播；

（2）寻找盘口的最大卖点，用极富吸引力的形式表现出来，或张贴。

6. 引领买方看房训练

（1）引领买方（承租方）全面查验待售（租）物业的结构、装修、设备等实体状况和物业的使用状况、环境状况；

（2）就物业有关的一切有利或不利因素与买方（承租方）交换意见。

7. 代理交易达成。

（1）协调交易价格，引导实现交易，代理或协助签订交易合同；

（2）买卖双方统一认识之后签订物业买卖合同；

（3）经纪人提供有关房屋买卖、租赁的合同范本或政府的标准文本；

（4）根据交易标的物的特殊性，可建议买卖双方在范本基础上增加补充若干条款；

（5）经纪人自始至终参与、协调订立合同条款。

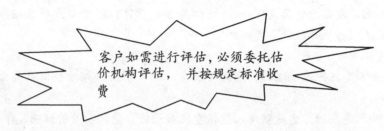

8. 房地产交易价款收取与管理训练

（1）房地产交易合同签订完毕，经纪机构代理委托人收取定金和房地产交易价款；

（2）交易价款的支付时间在房地产交易合同中明确约定；

（3）经纪机构代表委托方向买方出具正式的发票；

（4）收取的价款先暂由房地产经纪机构妥善保管；

（5）按代理合同约定的方式将房屋价款移交给委托人。

9. 产权过户与登记训练

（1）房地产经纪人代理客户办理各种类产权登记手续。

下面以广州市二手房交易登记、过户、发证的工作程序为例进行解释：

1）买卖双方持身份证原件、复印件以及拟买卖房屋的房地产证到广州市房地产交易所办理交易申请。

2）填写买卖申请表。

3）拟买卖的房屋有共有人或有租户的，需提交共有人、租户同意买卖的书面证明。

4）买卖双方对拟买卖房屋进行查册并向交易中心提交相关证明资料，经交易中心审查，拟买卖房屋产权清晰、有关资料齐全的，买卖双方签定买卖合同，预定过户时间。拟买卖房屋需要实勘的，应当预约估价时间，并由交易所填发收据。

5）交易中心审核拟买卖房屋的产权和价格，符合交易条件的，批准过户。

6）交易双方到交易中心交缴有关费用并办理交易过户手续后，交易中心核发新房产证。

买方在办理过户手续时，应带齐如下资料：

个人——身份证原件及复印件。

公司——公司营业执照原件，复印件则必须加盖工商局印章，法定代表人证明书原件及法定代表人身份证原件及复印件。如公司法人授权办理，则需法人授权委托书原件，以及受托人身份证明原件及复印件。

卖方在办理过户手续时，应带齐如下资料：

个人——个人及配偶、共有人身份证原件和复印件；个人婚姻状况证明，如已婚、未婚、离婚证的原件及复印件；共有人同意出售房地产的合法文件或委托书；《房地产权证》复印件。

公司——公司营业执照原件及复印件，复印件需加盖工商局印章；法定代表人证明书原件；法定代表人身份证原件及复印件；公司章程复印件；公司董事会或上级部门同意出售的合法文件。

买方在办理按揭贷款时，需提供如下文件和资料：个人及配偶、共有人的身份证明原件及复印件；婚姻状况证明，如已婚、未婚、离婚证复印件；户口簿复印件；工作单位收入证明原件；购房发票原件及复印件；《评估报告》原件；买卖双方所在按揭银行的存折复印件；原业主《房地产权证》复印件。

其他相关证明：

1) 凡是个人委托他人代理的，无论买或卖，都必须提供经过公证机关公证的《委托书》；

2) 如是法人委托的，需提供法人授权委托书原件和受托人身份证明复印件；

3) 如是以按揭方式付款的，无论买或卖，如有共有人或配偶，均应亲临签字并出具相关证明文件；

4) 无论买方或卖方，其所提供的复印件资料均需提供原件并经过公证处、银行、房地局核对。

办理过户手续和按揭贷款时，买卖双方应按规定向房产中介公司交纳一定数额的佣金，除此以外，还有一些税费，如过户公证费、契税、印花税、评估费、保险费等。

(2) 客户亲自办理过户手续时，经纪人进行协助，告知登记部门的工作地点、办公时间及必须准备的资料等。

10. 物业交验训练

(1) 向卖方（出租方）确认交房时间；

(2) 书面通知买方（承租方）；

(3) 经纪人协助买方客户进行校对。

(4) 物业交接与签订成交合同之间出现的矛盾的处理。

11. 佣金结算训练

房地产经纪人与委托人（或交易双方）进行佣金结算，佣金金额和结算方式应按经纪合同的约定来定。

12. 售后服务训练

延伸服务、改进服务和跟踪服务。

项目三：委托购房业务实训

训练目标：了解委托购房的业务流程并能实际动手操作，会接待客户，会填写各类表格，会填写委托购房合同。

1. 咨询、收件

(1) 买方通过电话咨询或者直接到经纪公司了解房源的情况。

(2) 经纪人员礼貌接待，详细了解客户的要求。

(3) 要求购买客户提供身份证复印件。

2. 填写《委托购买房屋情况登记表》（表 4-2）

委托购买房屋情况登记表　　　　　　　　　　　表 4-2

登记号：　　　　填表日期　　年　　月　　日

客户姓名			身份证号码	
联系电话			邮政编码	
联系地址				
委托内容	□购买　□置换　□承租			
需求时限	至_____年_____月_____日			
房屋需求	房屋区域	1._____市_____区_____路_____巷（街道） 2._____市_____区_____路_____巷（街道） 3._____市_____区_____路_____巷（街道）		
		□城东　□城西　□城南　□城北　□城中　□近郊		
	房屋类型	□高层　□多层　□花园别墅　□商用房　□其他		
	期房现房	□现房　□期房		
	房屋权属	□商品房　□房改房　□使用权　□其他		
	房屋面积	建筑面积_____至_____m²，使用面积_____至_____m²		
	房屋结构		房龄	朝向
	房屋套型	_____室_____厅_____卫_____厨_____阳台		
	房屋楼层	□高层 至_____层	□小高层 至_____层	□多层 至_____层　□其他
	房屋配套设施			
委托要求	购房价格	单价_____至_____元/m²	总价	_____至_____万元
	付款方式		贷款需求	□需要　□不需要
	公积金贷款	_____万元	商业贷款	_____至_____万元
	房屋评估	□需要　□不需要		
受理部门			经办人姓名	
备注				

3. 与客户签订《房地产购买委托合同》；

《房地产购买委托合同》样本

委　托　方：_____（以下简称甲方）

受委托方：××房地产经纪有限公司　　　　　　　　　　（以下简称乙方）

根据《中华人民共和国合同法》及有关法律、法规的规定，就甲方委托乙方购买房屋的有关事宜自愿订立以下条款，共同严格遵守：

一、甲方委托乙方购买_____市_____区_____路，建筑面积_____至_____m²房屋事宜，委托购买价格约为人民币（大写）_____至_____万元。

其余委托事项：

83

(1) _____。
(2) _____。
(3) _____。

二、委托期自本合同签订之日起6个月内有效，期满后需延长委托日期的，甲、乙双方另行签订委托合同。

三、乙方接受甲方委托后，甲方应在签订本合同之日向乙方支付定金_____元人民币，中介委托完成，定金可冲抵中介服务费；乙方在委托期限内不能完成中介委托且看房次数少于5次，定金在委托期满后1个月内凭本协议及定金收据退还给甲方。

四、有效期内乙方完成本合同约定委托事务，在甲方委托的房屋买卖成交当日（以甲、乙方与房屋出售人三方签订的《房屋置换成交合同》为准），甲方愿意按成交价_____%的比例支付中介费和相应的代办服务费_____元给乙方。

五、乙方代办上述房屋买卖手续所涉及甲方的有关税费由甲方承担。

六、未经乙方同意，甲方不得再委托第三者办理上述事务。

七、甲方撤销委托应以书面形式、挂号邮寄通知乙方；乙方收到通知之日起第7天，本合同终止。合同终止后60天内，上述房屋买卖由甲方自行成交的、且房屋出售人系乙方在本合同期内介绍过的售房意向人，甲方应支付乙方本合同约定的服务费。

八、合同期内，甲方未经乙方同意将上述事务再委托他人或撤销委托造成乙方损失的，甲方应按委托购买价格的_____%支付违约金。

九、乙方超越本合同约定的委托权限而造成甲方损失的，乙方承担相应的法律和经济责任。

十、双方约定的其他事项。

十一、本合同条款空格部分书写与铅印文字具有同等效力。

十二、本合同自双方签章后即行生效。本合同一式两份，双方各执一份。

委托方：_____　　受托方：××房地产经纪有限公司_____
身份证号：_____　　授权代表签字盖章：
通讯地址：_____　　联系电话：_____
通讯地址：_____　　联系电话：_____
签订地址：_____　　签订日期：　　年　月　日

4. 将客户及购买需求情况输入数据库；
5. 在公司房源数据库中查询与客户要求相当的信息，让客户比较、选择；
6. 通过各种渠道发布信息，为客户寻找合适房源；
7. 陪同客户现场看房；
——与房东联系看房事宜；
——确定看房的时间；
——在带领客户看房之前，经纪人员自己先行对房源有过察看，对房源的情况了如指掌；
——给客户准确客观公正的介绍，不隐瞒房屋的瑕疵，不夸大房屋的优点。
8. 协助客户与售房人协议购房价格；
9. 协同客户与售房人签订《房屋买卖合同》。

签订《房屋买卖合同》时卖方应备齐以下资料：

房改房：房屋三证；夫妻双方身份证、私章、户口本；上市审批表；上市交易准入通知单；评估报告。

私房：房屋三证、夫妻双方身份证、私章、户口本、评估报告。

项目四：二手房交易相关费用计算训练

训练目标：了解二手房交易的费用构成与交纳标准，会进行买卖双方应交费用的计算。

以目前广州市房屋交易（二手房）过户登记收费标准为例：

费用名称	收费标准	收费依据	缴交方
交易手续费	买方：3元/m² 卖方：3元/m²	穗价〔2002〕97号 粤价〔2002〕108号	买卖双方承担
房屋所有权登记费	企业登记80元/宗 个人登记50元/宗 每增加一人每本证书收取10元工本费	穗价〔1999〕217号 穗价〔2000〕58号 穗价〔2002〕123号 穗价〔2003〕104号 粤价函〔1999〕532号 粤价〔2002〕163号 计价格〔2002〕595号 穗价函〔2003〕387号 穗价〔2003〕1号	登记方承担
权证印花税	买方：5元/本		买方承担
房屋测量费	住宅用房：1.36元/m² 商业楼用房：2.04元/m² 多功能综合楼用房：2.72元/m²	国测财字〔2002〕3号	申请方承担
房地产平面附图转绘	按房屋面积测绘收费标准的30%		

费用名称	收费标准	备注	征收单位	缴交方
契税	买方：个人购买普通住宅按产价1.5%计收，其余按3%计收	每宗房屋交易	市财政局	买方承担
印花税	买方：房屋产价的0.05% 卖方：房屋产价的0.05%	每宗房屋交易	市地税局（交易中心代征）	买卖方各承担一半
土地增值税	具体标准参看附件一	房屋有增值部分	市地税局（调房总站代征）	卖方承担
个人所得税	具体标准参看附件二		市地税局（调房总站代征）	卖方承担
营业税及附加	具体标准参看附件三		市地税局（调房总站代征）	卖方承担
土地出让金	房改房上市，按产价1%征收；其他类型的二手房交易，由房地产估价管理所核定（具体标准参看附件一）	未办理土地有偿转让，需补交土地出让金	市国土房管局	卖方承担

附件一、房地产转让应征土地增值税

土地增值税计算依据为增值额。
增值额 = 转让收入 - 应扣除项目金额。
土地增值税适用四级超率累进税率。
按增值额与扣除项目金额之比，取决适用税率速算公式：
增值额未超过扣除项目金额50%的：增值额×30% = 税金；
增值额超过扣除项目金额50%未超过100%的：增值额×40% - 扣除项目金额×5% = 税金；
增值额超过扣除项目金额100%未超过200%的：增值额×50% - 扣除项目金额×15% = 税金；
增值额超过扣除项目金额200%的：增值额×60% - 扣除项目金额×35% = 税金。
扣除项目金额包括：
1. 购、建未满五年的房地产为取得时的成本费用：购买的须提供上手购房发票或购房合同，自建、合建的提供经审计的工程结算书及票据；购、建已满五年的为旧房重置成新折旧评估价（由房管部门审核）；
2. 应补交的国有土地使用权出让金；
3. 与转让房地产有关的营业税、印花税、评估费等；
4. 土地使用权转让为已发生的土地成本费用。

附件二、房地产转让应征个人所得税

1. 个人所得税有两种计征方法（2006年1月1日起执行）：
（1）据实征收：（每次转让房产收入额 - 房产原值 - 合理费用）×20%
（2）核定征收：
非居住用房（非住宅）：个人转让房产收入 ×7.5%×20%
居住用房（住宅）：
自用未满5年的：个人转让房产收入×5%×20%
自用满5年（含5年）且是唯一住房的免征。
注：据实征收由税务机关审核确认征收。
2. 个人自用房屋时间的届定（2006年1月1日起执行）：
以个人取得的房屋产权证核准发证时间或契税完税填发时间为开始时间，以转让房屋时房管部门受理交易申请的时间为结束时间计算是否自用满五年。若纳税人对自用开始时间有异议，可在税款缴纳前出具有关证明文件，由调房总站代征点核实开始时间并计算自用时间（时间不一致的，按孰先原则处理）：
购买商品房：《商品房买卖合同》约定的交楼时间；
购买房改房：《单位出售公有住房缴款明细表》注明的缴款时间；
自建房：规划部门的竣工验收时间。
受赠、继承、离婚财产分割等非购买形式取得的房屋，以发生受赠、继承、离婚财产分割行为前的自用时间为准。

附件三、房地产转让应征营业税及附加

营业税、城市维护建设税、教育费附加、堤围防护费等4种税费实行捆绑征收,具体税率为:

1. 单位转让房地产
(1) 不能提供上手购房发票的:
普通单位:营业税 = 转让收入 × 5%
城市维护建设税 = 营业税 × 7%
教育费附加 = 营业税 × 3%
堤围防护费 = 转让收入 × 0.13%
合计税金 = 转让收入 × 5.63%
外资单位:营业税 = 转让收入 × 5%
堤围防护费 = 转让收入 × 0.09%
合计税金 = 转让收入 × 5.09%
(2) 提供上手购房发票:
普通单位:营业税 = (转让收入 – 上手购入价) × 5%
城市维护建设税 = 营业税 × 7%
教育费附加 = 营业税 × 3%
堤围防护费 = 转让收入 × 0.13%
合计税金 = (转让收入 – 上手购入价) × 5.63%
外资单位:营业税 = (转让收入 – 上手购入价) × 5%
堤围防护费 = (转让收入 – 上手购入价) × 0.09%
合计税金 = (转让收入 – 上手购入价) × 5.09%

2. 个人转让房地产
(1) 非居住用房(非住宅):
提供上手购房发票:(转让收入 – 上手发票价) × 5.5%
不能提供上手发票:转让收入 × 5.5%
(2) 居住用房(住宅):
普通住房:
　　购买未满2年转让的:转让收入 × 5.5%
　　购买超过2年(含2年)的免征。
非普通住房:
　　购买未满2年转让的:转让收入 × 5.5%
　　购买超过2年(含2年)转让的:(转让收入 – 上手发票价) × 5.5%

3. 购买时间的界定
(1) 购买时间:以房地产证或契税完税证填发日期为准。
(2) 结束时间:以转让房屋时向房管部门申请交易填报的《广州市房地产买卖、登记

《申请表》上，注明的受理日期为准。

普通住房标准：

（1）广东省享受优惠政策的普通住房标准同时满足以下条件：住宅小区建筑容积率在1.0以上，单套住房套内建筑面积120m^2以下（含120m^2）、实际成交价格低于同级别土地上住房平均交易价格的1.2倍以下（含1.2倍）。

地级以上市可根据本地实际，在上述标准的基础上对单套住房套内建筑面积标准适当上浮，但上浮幅度不得超过10%，并必须报经省人民政府批准后方可执行。各市套内建筑面积的浮动幅度未经省人民政府批准的，一律按上述标准执行。各地级以上市所辖区、县（市）应执行统一标准。

（2）广州市出台的"享受优惠政策的普通住房标准"规定：住宅小区建筑面积容积率在1.0以上，单套住房建筑面积144m^2（含144m^2）以下；实际成交价格低于同级别土地上住房平均交易价格1.2倍（含1.2倍）以下，同时符合这3个条件的才能享受契税按1.5%征收的优惠。

案例：

买家：李先生、李太太

业主：刘先生（已离异）

物业情况：房价：31万（刘先生购买未足2年）；面积：80m^2

李先生李太太的购房计划：房屋交易价：31万，银行评估价：30万，房管局评估价：32万，贷款：20万，贷款年限：10年。

李先生李太太需提供的资料：

身份证正本、户口簿正本、结婚证、近3个月来收入情况证明（如单位收入证明/存款证明/有价证券及其他收入证明）、供款存折。另，李先生还需要备齐配偶（李太太）的户口簿、身份证。

刘先生需要提交的资料：

身份证正本、户口簿正本、离婚证（离婚判决书：须注明出售房产归属权所属方或分配情况）、房屋的产权证明文件正本、收款存折。

李先生李太太需预缴的费用：按揭代理费

项　　目	收费标准	买家：李先生李太太	卖家：刘先生
房屋查册费	100元	100元	
房屋评估费	评估价×0.5%（最低点1000元）	1500元	
保险费	贷款额×1.2×0.1%×贷款年限×折扣	1920元	
按揭代理费	贷款额×1.2%（最低2500元/宗）	2500元	
贷款合同公证费	300元	300元	
交易委托公证费	200元	200元	200元
贷款印花税	贷款额×0.005%	10元	
他项权利登记服务费	每证250元	250元	
合计		6780元	200元

备注：以银行评估价30万为计费标准。

政 府 税 费

房管费用	收费标准	买家：李先生李太太	卖家：刘先生
契税	评估价×1.5%	4800元	
交易印花税	评估价×0.1%（买卖双方各半）	160元	160元
交易管理费	物业面积×6元（买卖双方各半）	240元	240元
交易登记费	50元	50元	
产权印花税	每本5元	10元	
个人所得税（不足五年）	成交价全额×1%		3100元
营业税（不足二年）	成交价全额×5.5%		17050元
合计		5260元	20550元

备注：以房管局评估价32万为计费标准。

项目五：佣金的结算训练

训练目标： 明确国家有关经纪佣金的规定，会计算不同交易的佣金收入。

提取的佣金比率合理的规则是：交易额越小，提取的比例越大；交易额越大，提取的比例也就越小。随着二手房供给量的增多，经纪服务费开始转变为双向收费，即一笔交易的经纪服务费由交易双方分摊，但双方收取的佣金总额不应超过政府规定的3%佣金率。经纪合同应当包括房地产经纪收费金额和支付方式、时间，并且由房地产中介服务机构统一收取，应当向当事人开具发票，设立业务台账等。《关于房地产中介服务收费的通知》规定的收费标准如下：

1. 房屋买卖代理收费

房屋买卖代理的收费，按成交价格总额的0.5%～2.5%计收。实行独家代理的，收费标准由委托方与经纪机构协商，可适当提高，但最高不超过成交价格的3%。

2. 房屋租赁代理收费

房屋租赁代理收费，无论成交的租赁期限长短，均按半个月到一个月成交租金额标准，由双方协商议定一次性计收。

3. 居间介绍代理房屋交换的收费

居间介绍、代理房屋交换的，按房地产评估价值的1%以下收取。土地使用权转让代理收费办法和标准另行规定。

上述规定的房地产经纪收费为一般最高限额标准，经济特区的收费标准可适当高一些，但不得超过上述标准的30%。经纪机构应与客户事先签订书面委托合同，明确实际收费标准。目前广州市的具体做法是：

（1）房地产交易和建设用地的土地使用权转让，建房、修房工程，按每宗交易或工程造价的金额，向当事人一方或双方（协商）收取，合计不得超过以下最高限额。

50万元金额（含50万元）以下的收取2%；

超出50万元至100万元金额（含100万元）的部分收取1.5%；

超出100万元金额以上的部分收取1%。

（2）房屋或土地租赁，按月租金额70%计算，收益少于300元的，按300元收取。

（3）房屋调（互）换，按每宗收取100~800元。

（4）不能以金额表示的其他中介项目收费，可双方面议，报经所在机构领导审批。

房地产经纪服务费收取的形式有三种，预付定金、根据服务内容的进度支付和在完成房地产经纪服务之后。

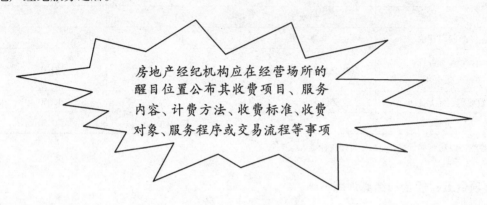

房地产经纪机构应在经营场所的醒目位置公布其收费项目、服务内容、计费方法、收费标准、收费对象、服务程序或交易流程等事项

附1：《房屋置换成交合同》

《房屋置换成交合同》样本

甲方（卖房人）：

乙方（买房人）：

丙方（中介机构）：××房地产经纪有限公司

根据《中华人民共和国合同法》及有关法律、法规的规定，甲、乙、丙三方在平等、自愿、诚实信用、协调一致的基础上，就乙方购买甲方出售的房屋及双方共同委托丙方提供相应的交易服务事宜，订立本合同，以资共同遵守。

一、甲方所出售的房屋已具备上市出售条件，甲方同意将自有的房屋所有权及该房屋占用范围内的土地使用权出售给乙方。该房屋坐落_____市_____区_____路_____号_____巷_____幢_____单元_____室，建筑面积为_____m²，占用范围内的土地使用权分摊面积_____m²；该房屋权属为_____，甲方依法取得房屋所有权证号为_____，土地使用权证号为_____。

甲方就该出售房屋及附属设施、装潢等情况说明如下：

_____。

乙方对甲方所出售的房屋和附属设施及装潢已充分了解，愿意购买上述房屋。

二、甲、乙双方同意，上述房屋的成交价格（包括该房屋转让所涉及的维修基金节余款）为人民币（大写）_____元。本合同签订当日，乙方应向丙方支付人民币（大写）_____元作为购房定金，并由丙方转交甲方。购房定金在最后一次付款时冲抵购房价款。

甲、乙、丙叁方同意,在本合同自签订之日起,乙方将上述房屋价款分次支付丙方,具体付款日期、数额、方式如下:

序号	时间	金额	备注

甲方在本合同签订当日将上述房屋产权证书[《房屋所有权证》和《国有土地使用权证》（原件）及办理产权过户的相关资料]交给丙方,甲方保证在_____年_____月_____日前迁出户籍,并将腾空的房屋交给丙方,丙方将根据甲、乙双方的履约情况,分次将购房款转交给甲方,具体付款日期、数额如下:

序号	时间	金额	备注

丙方将在乙方付清全部购房款后_____日内,将其所购房屋交给乙方。如甲、乙方具备过户条件,在乙方房款到丙方账户后,由丙方代理双方到××市房产局办理产权转让登记手续。

三、甲方保证上述房屋权属清楚。自本合同生效之日起,若发生与甲方有关的房屋产权纠纷或债权债务等,概由甲方负责清理,并承担民事责任,由此给乙方造成的经济损失,由甲方负责赔偿。在上述房屋交给乙方前未支付的使用该房屋所发生的物业管理费、水电费、煤气费、电讯费等其他费用,概由甲方负责。

四、本合同签订后,若乙方未按上述第二条款规定时间付款,每逾期1天,则按应付款金额的_____%向甲方支付违约金。

若甲方未按上述第二条款规定时间交出空房,每逾期1天,则应按该房屋成交价总额的_____%(计人民币大写_____元)向乙方支付违约金。

五、在本合同签订当日,甲方按房屋成交总价的_____元向乙方支付,乙方按成交价的_____%分别向丙方支付中介服务费共计_____元。

六、本合同签订后,甲方中途毁约,应书面通知乙方、丙方,并自毁约之日起的10天内,应以乙方所付定金的双倍及已付款返还至丙方,作为赔偿乙方的损失费;甲方已付丙方的中介服务费不予退还。丙方则将乙方所付的中介服务费退还乙方。

乙方中途毁约,应书面通知甲方、丙方,乙方所付购房定金不再返还,作为赔偿甲方的损失费;乙方已付丙方的中介服务费不予退还。丙方则将甲方所付的中介服务费退还甲方。

七、甲乙双方在办理上述房屋买卖交易过户手续及办理贷款抵押时所需交付的税费,按照规定由甲、乙方各自承担。

八、本合同适用于中华人民共和国法律、法规。合同三方在履行本合同过程中若发生争议,应协商解决,协商不能解决的,可向甲方所在地仲裁机构申请仲裁,也可以直接向人民法院起诉。

八、本合同未尽事项，均依照国家、省、市的有关法律、法规、政策和规定办理。

十、本合同条款空格部分书写与铅印文字具有同等效力。

十一、本合同自三方签章后即行生效。本合同一式四份，甲、乙方各执一份，丙方执两份，均具有同等效力。

十二、补充条款。
_____。

甲方（签章）：　　乙方（签章）：　　丙方（签章）：××房地产经纪有限公司
身份证号：　　　　身份证号：
经办人：　　　　　经办人：　　　　　经办人：
联系电话：　　　　联系电话：　　　　联系电话：
　　　　　　　　　　　　　　　　　　签订地址：
　　　　　　　　　　　　　　　　　　签订日期：_____年___月___日

附2：房地产居间合同

委托人甲（出售、出租方）：_____
居　间　方：_____
委托人乙（买入、承租方）：_____

第一条　（订立合同的前提和目的）

依据国家有关法律、法规和本市有关规定，三方在自愿、平等和协商一致的基础上，就居间方接受委托人甲、乙的委托，促成委托人甲、乙订立房地产交易_____（买卖/租赁）合同，并完成其他委托的服务事项达成一致，订立本合同。

第二条　（提供居间房地产的坐落与情况）

委托人甲的房地产坐落于_____市_____区（县）_____路_____号_____室共_____套，建筑面积为_____平方米，权属为_____，权证或租赁凭证编号_____，其他情况_____。

委托人乙对该房地产情况已充分了解。

第三条　（委托事项）

（一）委托人甲委托事项（共_____项）

主要委托事项：

(1) _____ ;
(2) _____ ;

其他委托事项：

(1) _____ ;
(2) _____ ;
(3) _____ ;

（二）委托人乙委托事项：（共_____项）

主要委托事项：

(1)＿＿＿＿＿＿＿＿＿＿＿＿＿＿＿＿＿＿＿＿＿＿＿＿＿＿＿＿＿＿＿＿＿＿＿＿；
(2)＿＿＿＿＿＿＿＿＿＿＿＿＿＿＿＿＿＿＿＿＿＿＿＿＿＿＿＿＿＿＿＿＿＿＿＿；
其他委托事项：
(1)＿＿＿＿＿＿＿＿＿＿＿＿＿＿＿＿＿＿＿＿＿＿＿＿＿＿＿＿＿＿＿＿＿＿＿＿；
(2)＿＿＿＿＿＿＿＿＿＿＿＿＿＿＿＿＿＿＿＿＿＿＿＿＿＿＿＿＿＿＿＿＿＿＿＿；

第四条（佣金标准、数额、收取方式、退赔）

（一）居间方已完成本合同约定的委托人甲委托的事项，委托人甲按照下列第＿＿＿种方式计算支付佣金（任选一种）；

(1) 按该房地产＿＿＿＿＿＿（总价款/月租金计）＿＿＿＿＿%，具体数额为＿＿＿＿＿币＿＿＿＿＿元支付给居间方；

(2) 按提供服务所需成本计＿＿＿＿＿币＿＿＿＿＿元支付给居间方。

（二）居间方已完成本合同约定的委托人乙委托的事项，委托人乙按照下列第＿＿＿＿＿种方式计算支付佣金（任选一种）；

(1) 按该房地产＿＿＿＿＿＿（总价款/月租金计）＿＿＿＿＿%，具体数额为＿＿＿＿＿币＿＿＿＿＿元支付给居间方；

(2) 按提供服务所需成本计＿＿＿＿＿币＿＿＿＿＿元支付给居间方。

（三）居间方未完成本合同委托事项的，按照下列约定退还佣金：

(1) 未完成委托人甲委托的主要事项第（＿＿＿）项、其他事项第（＿＿＿）项的，将合同约定收取佣金的＿＿＿＿＿%，具体数额为＿＿＿＿＿币＿＿＿＿＿元，退还委托人甲。

(2) 未完成委托人乙委托的主要事项第（＿＿＿）项、其他事项第（＿＿＿）项的，将合同约定收取佣金的＿＿＿＿＿%，具体数额为＿＿＿＿＿币＿＿＿＿＿元，退还委托人乙。

第五条（合同在履行中的变更及处理）

本合同在履行期间，任何一方要求变更合同条款的，应及时书面通知相对方，并征得相对方的同意后，在约定的时限＿＿＿＿＿天内，签订补充条款，注明变更事项。未书面告知变更要求，并征得相对方同意，擅自变更造成的经济损失，由责任方承担。

本合同履行期间，三方因履行本合同而签署的补充协议及其他书面文件，均为本合同不可分割的一部分，具有同等效力。

第六条（违约责任）

（一）三方商定，居间方有下列情形之一的，应承担违约责任：

(1) 无正当理由解除合同的；

(2) 与他人私下串通，损害委托人甲、乙利益的；

(3) 其他过失影响委托人甲、乙交易的。

（二）三方商定，委托人甲、乙有下列情形之一的，应承担违约责任：

(1) 无正当理由解除合同的；

(2) 未能按照合同约定提供必要的文件和配合，造成居间方无法履行合同的；

(3) 相互或与他人私下串通，损害居间方利益的；

(4) 其他造成居间方无法完成委托事项的行为。

（三）三方商定，发生上述违约行为的，按照合同约定佣金总额的＿＿＿＿＿%，计＿＿＿＿＿币＿＿＿＿＿元作为违约金支付给各守约方。违约方给各守约方造成的其他经济损失，由守约方按照法律、法规的有关规定追偿。

第七条　（发生争议的解决方法）

三方在履行本合同过程中发生争议，由三方协商解决，协商不成的，按本合同约定的下列第（　　）项进行解决：

(1) 向_____仲裁委员会申请仲裁。

(2) 向法院提起诉讼。

第八条　本合同一式_____份，甲、乙、丙三方各执_____份。

补充条款：_____

（粘贴线）　　　　　　　　　　　　　　　　　　（骑缝章加盖处）

委托人甲(名字/名称)	居间方(名称)	委托人乙(名字/名称)
身份证号/ 其他证件号码	营业执照号码	身份证号/ 其他证件号码
住/地址	住/地址	住/地址
邮政编码	邮政编码	邮政编码
联系电话	联系电话	联系电话
本人/ 法定代表人 （签章）	法人/ 法定代表人 （签章）	本人/ 法定代表人 （签章）
代理人（签章）	执业经纪人（签章）	代理人（签章） 执业经纪证书（编号）_____
年　月　日 签于：	年　月　日 签于：	年　月　日 签于：

第三节　房屋租赁居间业务实训

项目一：房屋租赁服务模拟训练

训练目标：熟悉房屋租赁的业务流程与注意事项，能独立进行房屋租赁服务。

1. 房源收集

房源开拓方法与二手房买卖的基本相同。

2. 推介物业

根据客户要求，对市场进行分析并推介适合的物业。

3. 实地参观

(1) 考察房子的基本情况：现场考察房屋建成的年代、土地使用期限、建筑面积和使用面积是否与产权证上标明的一致，房屋的布局是否合理，配套设施是否齐全完好，要详细看看房屋的结构情况，了解房屋有无破坏结构的装修，有无私搭、改建造成主体结构损坏的情况。

(2) 看看周边环境和配套设施：着重考察房屋周围有无工厂等噪声、有害气体的污染源，另外还有小区安全保卫、卫生清洁、绿化等方面情况。对房屋配套设施设备的考察主要有：水、电、气、暖的供应情况及收费标准，电视接收的清晰度等等。

(3) 了解房屋的历史与邻居：了解一下这套房子在历史上都有哪些人住过，什么背景，何种用途，是否发生过不好的事情（比如纠纷或案件），邻居都是什么样的人，是否能融洽相处等等。

(4) 谈判条款

确定目标并对希望最高能接受的条款进行谈判。

(5) 缔结合同

签定买卖合同、确立双方的权利及义务。

房屋租赁居间合同样本（三方合同）填写训练

甲方（出租方）：_____

乙方（承租方）：_____

丙　　　方：××房地产经纪有限公司

甲、乙、丙三方根据《中华人民共和国合同法》及其他相关规定，就乙方承租甲方出租的房屋事宜自愿订立以下条款，共同严格履行。

一、甲方所出租的房屋权属为_____，具备××市规定的上市出租条件，甲方同意此房屋给乙方用于_____用途，在租赁期限内，如未征得甲方的书面同意，乙方不得擅自改变该房屋使用用途。该房屋坐落_____市_____区_____路_____号_____巷_____幢_____单元_____室，建筑面积_____m²。

甲方就该出租房屋的家具、家电及设备等情况说明见合同附件。

乙方对甲方所出租的房屋和附属设施及装潢已充分了解，愿意承租上述房屋。

二、租赁期限为_____年，自_____年_____月_____日至_____年_____月_____日止。

三、甲、乙双方同意，上述房屋的月租金为人民币（大写）_____元。本合同签订之日起，乙方应向丙方预付人民币（大写）_____元作为前_____月的租金，由丙方转交甲方，以后乙方须每月向甲方定期交付租金；同时乙方应按约定的标准支付服务费给丙方。

四、本合同签订之日，甲方应将房屋交付丙方，待乙方应交的租金到账后，由丙方转交乙方。

五、在乙方进住前，该房屋应付的水、电、煤气及其他物业管理费等费用由甲方负责；租赁期内则由乙方承担，另行约定除外。

六、在租赁期内，甲方未经乙方许可不得进行抵押、出租或出售等其他涉及此房屋的交易活动。

七、在租赁期内，乙方未经甲方许可不得将此房屋转租给他人。乙方不得在此房屋进行任何违法活动，否则由乙方承担全部法律责任。

八、丙方仅向甲、乙双方提供房地产租赁的居间服务，对上述房地产租赁过程中的其他事项不承担责任。

九、房屋修缮责任：

(1) 在租赁期限内，甲方应保证出租房屋的使用安全。乙方应爱护并合理使用其所承租的房屋及其附属设施。如乙方因使用不当造成房屋或设施损坏的，乙方应立即负责修复或予以经济赔偿。

(2) 除房屋内已有装修和设施外，乙方如要求重新装修或变更原有设施的，应事先征得甲方的书面同意。租赁期满，根据原书面约定，要求恢复原状的，乙方必须恢复原状，经验收认可，方可办理退租手续。

（3）该房屋的维修责任除双方在本合同和补充条款中约定的外，均由甲方负责。

（4）甲方维修房屋及其附属设施，应提前7天书面通知乙方，乙方应积极协助和配合。因乙方阻挠甲方进行维修而产生的后果，则概由乙方负责。

（5）如因不可抗力原因，导致房屋损坏或造成乙方损失的，双方互不承担责任。

甲、乙双方发生纠纷应尽量协商解决，如协商不成可向甲方所在地仲裁机构申请仲裁，或向人民法院提起诉讼。

十、在租赁期限内，非下列情况之一的，不得变更或者解除本合同。

（1）甲方或乙方因有特殊原因，经双方协商一致，同意甲方提前收回或乙方提前退交部分或者全部该房屋的；

（2）因出现非甲方能及的情况，使该房屋设施的正常运行，或水、或电、或煤气等正常供应中断，且中断期一次超过7天，乙方认为严重影响正常使用房屋的；

（3）因乙方违反本合同的约定，且经甲方提出后的15天内，乙方未予以解决；

（4）因不可抗力的因素致使该房屋及其附属设施损坏，本合同不能继续履行的；

（5）在租赁期间，该房屋经市或区（县）政府有关部门批准动迁，或经司法、行政机关依法限制其房地产权利的，或出现因法律、法规禁止的非甲方责任的其他情况。

十一、本合同随租赁期限的结束而终止。如需续约，任何一方可在合同期满30天前提出，经双方协商后方可续约。

十二、甲、乙双方约定的其他事项。

十三、本合同各条款空格部分书写文字与铅印文字具有同等效力。

十四、本合同自三方签章后生效。本合同一式三份，合同各方各执一份。

甲方：　　　　　乙方：　　　　　丙方：××房地产经纪有限公司

身份证号码：　　身份证号码：　　单位地址：

联系电话：　　　联系电话：　　　授权代表签章：

　　　　　　　　　　　　　　　　联系电话：

　　　　　　　　　　　　　　　　签订地址：

　　　　　　　　　　　　　　　　签订日期：　　年　月　日

合同附件：该房屋的家具、家电及设备清单：

家具：

  床_____张　　　电视柜_____个

  床头柜_____个　沙发_____个

  餐桌_____张　　茶几_____个

  餐椅_____把　　衣柜_____个

  酒柜_____个　　书柜_____个

  书桌_____个　　梳妆台_____个

  其他：

  家电：□彩电　□干衣机　□冰箱　□烤箱　□电脑　□录像机　□微波炉　□电饭锅　□洗衣机　□饮水机　□音响　□VCD机

其他设备：
☐电话　☐热水器　☐煤气　☐空调
其他：_____
出租方（甲方）确认：
承租方（乙方）确认：
见证方确认：
日期：

(6) 办理租赁登记：到房管局租赁登记所办理租赁合同备案手续。

登记备案的程序（以深圳市为例）：

1) 提出申请　租赁当事人到房屋所在地的租赁管理所领取《深圳市宝安区房屋租赁登记表》（一式二份）和《房屋租赁合同书》（一式三份），按《深圳经济特区房屋租赁条例》及其实施细则、《深圳经济特区出租屋管理若干规定》如实申报填写，同时提交相关文件材料。

2) 登记审查　租赁管理所受理租赁当事人提交的资料后，收件人即时开具收件回执，于2日内对资料进行审查，并派房管人员到出租房屋现场查看，符合登记条件的，将有关资料输入计算机数据库或填写《房屋租赁合同登记表》。

3) 合同登记　经审查，符合规定的依法登记，由所长或指定的合同登记员在合同文本上签名、编号，加盖"深圳市宝安区人民政府房屋租赁管理合同登记专用章"。经审查不符合登记规定条件的，由管理所向当事人发出《不予登记回复》。

当事人按法律、法规规定交纳有关费、税。

4) 立卷归档　经登记《房屋租赁合同书》提交的资料，由租赁管理所按一户一档的原则建档保存。以上租赁登记程序流程图为：

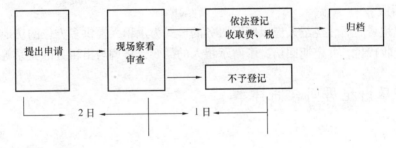

办理房屋租赁合同登记需要提交的证件有：

《深圳市宝安区房屋租赁登记表》（一式二份）

《房屋租赁合同书》（一式三份）

出租房屋须提交：

房地产权证或证明其产权的其他有效证件（指红线图、《建筑许可证》或已开具付清房款的购房合同书复印件），验原件（注：暂未取得合法产权证明文件的房屋出租须提供房屋所在地村（居）委会以上级别的单位证明另行申报办理登记手续）；

私人房屋出租须提交：

1) 房屋所有权人身份证复印件（验原件）；

2) 属共有房屋的需提供共有人身份证复印件（验原件）以及共有人同意出租的书面证明原件；

单位房屋出租须提交:
    1) 法定代表人证明书原件;
    2) 单位法定代表人身份证复印件（验原件）;
    3) 属委托下属单位经营的房屋出租须提交房屋所有权人书面委托证明书原件;
    4) 已作为资产抵押的房屋出租须提交抵押权人同意其出租的书面证明书原件。
承租房屋须提交:
    1) 承租方为个人的须提交:身份证复印件(验原件);计划生育证明复印件（验原件）。
    2) 承租方为单位的须提交:法定代表人证明书原件;法定代表人身份证复印件（验原件）;委托他人办理登记的需提交法人代表授权证明书以及受委托人的身份证复印件（验原件）。(注:承租方以新成立的企业名称申请登记须提交:工商部门批准设立的企业名称预先核准通知书以及代表人身份证复印件,完成工商注册后补办相关手续)。
    (7) 协助收楼:到管理处办理用户入住手续。
    (8) 代交税费:向相关部门缴付租赁税费,开出发票。
  4. 物业交验
    登记备案后,在合同规定的房屋交验日,经纪人将陪同承租方进行房屋现场交验,协助验收房屋内有关家具、电器等设施。双方填写《房屋交验单》,向承租方交付房屋钥匙,并向经纪人支付租赁居间服务的佣金。在房屋交验时,应注意以下几点:
    (1) 交验时间:符合租赁合同规定日期;
    (2) 交验内容:装潢设施、家具、家电、水电煤表读数、钥匙、其他相关物品;
    (3) 交验方式:经纪人陪同承租方当面进行交验;
    (4) 交验手续:填写《房屋交验单》。
  5. 租后服务
    在完成租赁之后,经纪人应以跟踪服务的形式为承租人提供多方位的房地产买卖及租赁服务、代收代付,并定期回访,了解承租人的需要,协调与出租方的关系等。

附1:房屋出租居间合同样本

委托人（甲方）:
居间人（乙方）:
    第一条 委托事项
    甲方委托乙方为其居间出租具备以下条件的房屋（附件略。内容包括所有人、产权证号、租金标准、面积、朝向、家具清单等房屋基本情况）,并协助其与承租人签订房屋租赁合同。
    房屋用途:_____;对承租人条件的特别要求:_____。
    乙方还应提供以下服务:_____。
    第二条 委托期限
    自_____年_____月_____日至_____年_____月_____日。
    第三条 现场看房
    本合同签订后_____日内乙方应到房屋现场对甲方提供的房屋资料进行核实,经核实房屋状况与甲方提供的资料不一致的，乙方应要求甲方对合同进行修改。
　　乙方陪同承租人现场看房的，甲方应予以配合。因甲方提供的资料与房屋状况不一致造成承租人拒付看房成本费的，甲方应支付全部费用。

　　第四条　甲方义务
　　（一）应出示身份证、营业执照、＿＿＿＿等真实的身份资格证明；
　　（二）应出示房屋所有权证书或证明自己对出租房屋依法享有出租权利的其他证明；
　　（三）应保证自己提供的房屋资料真实、合法；
　　（四）应对乙方的居间活动提供必要的协助与配合；
　　（五）应对乙方提供的承租人资料保密；
　　（六）不得在委托期限内及期限届满后＿＿＿＿日内与乙方介绍的承租人进行私下交易；
　　（七）在委托期限内不得将出租房屋同时委托其他房地产经纪机构出租。

　　第五条　乙方义务
　　（一）应出示营业执照、房地产经纪机构资质证书等合法的经营资格证明；
　　（二）应认真完成甲方的委托事项，按照房屋用途和甲方对承租人条件的特别要求寻找承租人，将处理情况及时向甲方如实汇报，并为承租人现场看房及甲方与承租人签订房屋租赁合同提供联络、协助、撮合等服务；
　　（三）不得提供虚假信息、隐瞒重要事实或与他人恶意串通，损害甲方利益；
　　（四）收取必要费用、佣金的，应向甲方开具合法、规范的收费票据；
　　（五）本合同签订后，乙方不得以任何形式向甲方收取任何名目的预收费用：＿＿＿＿。

　　第六条　佣金
　　委托事项完成后，甲方应按照实际月租金的＿＿＿＿％（此比例不得超过100%）向乙方支付佣金。
　　佣金应在甲方与承租人签订房屋租赁合同后（即时/＿＿＿＿日内）支付。
　　佣金的支付方式：现金□；支票□；＿＿＿＿。
　　委托事项未完成的，乙方不得要求支付佣金。

　　第七条　费用
　　委托事项完成的，居间活动的费用由乙方承担。
　　非因乙方过失导致委托事项未完成的，甲方应向乙方支付必要费用如下：＿＿＿＿。

　　第八条　转委托
　　甲方（是/否）允许乙方将委托事项转委托给第三人处理。

　　第九条　本合同解除的条件
　　（一）经核实房屋状况与甲方提供的资料不一致，乙方要求甲方对合同进行修改而甲方拒绝修改的，乙方有权解除合同；
　　（二）甲方没有房屋所有权证书或证明自己对出租房屋依法享有出租权利的其他证明或身份证、营业执照等身份资格证明的，或提供虚假的房屋资料的，乙方有权解除合同，由此造成的乙方一切损失，均由甲方承担；＿＿＿＿。

　　第十条　违约责任
　　（一）甲方未如约支付佣金、必要费用的，应按照＿＿＿＿的标准支付违约金；
　　（二）甲方与乙方介绍的承租人进行私下交易的，乙方有权要求甲方按照＿＿＿＿的标准支付违约金，甲方与承租人私下成交的，乙方还有权取得约定的佣金；

（三）甲方违反保密义务的，应按照_____的标准支付违约金；

（四）甲方在委托期限内将出租房屋同时委托其他房地产经纪机构出租的，应按照_____的标准支付违约金；

（五）乙方提供虚假信息、隐瞒重要事实或有恶意串通行为的，除退还已收取的佣金外，还应赔偿甲方因此受到的损失；_____。

第十一条 合同争议的解决办法

本合同项下发生的争议，由双方当事人协商或申请调解解决；协商或调解解决不成的，按下列第_____种方式解决（以下两种方式只能选择一种）：

（一）提交仲裁委员会仲裁；

（二）依法向有管辖权的人民法院起诉；

第十二条 其他约定事项_____。

本合同在双方签字盖章后生效。合同生效后，双方对合同内容的变更或补充应采取书面形式，作为本合同的附件。附件与本合同具有同等的法律效力。

委托人（章）：　　　　　　　　居间人（章）：
身份证号：　　　　　　　　　　签约代表：
电　　话：　　　　　　　　　　电　　话：
合同签订时间：　　　　　　　　合同签订时间：
合同签订地点：　　　　　　　　合同签订地点：

附2：房屋承租居间合同

编号：

委托人（甲方）：

居间人（乙方）：

依据《中华人民共和国合同法》及相关法律法规的规定，委托人与居间人在平等、自愿的基础上，就房屋租赁居间的有关事宜达成协议如下：

第一条 委托事项

甲方委托乙方在委托期限内为其居间寻找符合以下条件的房屋（必备条件请在方格内划钩，参考条件请划圈，未选条件请划斜线），并协助促成其与出租人签订房屋租赁合同：

坐落：_____□；楼房为_____室_____厅_____卫□；平房为_____间□；无装修□；一般装修□；精装修□；防盗门□；有线电视接口□；空调□；天然气□；煤气□；集中供暖□；土暖气□；热水器□；电话□；电视机□；电冰箱□；洗衣机□；上下水□；家具□；楼层：_____□；结构：_____□；朝向：_____□；建筑面积：_____m²□；月租金标准：_____元□；租期：_____□；房屋用途：_____□；

房屋权属：_____

其他条件：_____。

乙方还应提供以下服务：_____。

第二条 委托期限

自＿＿＿＿＿年＿＿＿＿月＿＿＿＿日至＿＿＿＿年＿＿＿＿月＿＿＿＿日。

超过以上期限仍需要居间服务的，双方另行签订居间合同或以书面形式将本合同委托期限延长。

第三条 现场看房

乙方应陪同甲方到房屋现场看房。

乙方应当制作看房的书面记录，列明房屋的具体地址、看房时间及其他事项。看房记录需经甲方签字确认，由双方各执一份。

乙方为甲方寻找的房屋不满足甲方提出的必备条件或者甲方不满足出租人提出的特别条件要求的，甲方有权拒绝签字并拒绝支付看房费。

第四条 甲方义务

（一）应出示身份证＿＿＿＿＿＿＿＿＿等真实的身份资格证明；

（二）应对乙方的居间活动提供必要的协助与配合；

（三）应对乙方提供的房屋资料保守秘密；

（四）不得在委托期限内及期限届满后＿＿＿＿＿＿日内与乙方介绍的出租人进行私下交易。

第五条 乙方义务

（一）应出示营业执照、房地产经纪机构资质证书等合法的经营资格证明；

（二）应尽力完成甲方的委托事项，按照本合同第一条甲方提出的条件为甲方寻找房屋，将处理情况及时向甲方如实汇报，为甲方看房和与出租人签订房屋租赁合同提供联络、协助、撮合等服务，并促成甲方与出租人的房屋租赁合同成立；

（三）应保证为甲方提供的房屋资料已经事先核实，并且甲方满足出租人提出的特别条件要求；

（四）不得提供虚假信息、隐瞒重要事实或与他人恶意串通，损害甲方利益；

（五）对甲方的经济情况、个人信息、商业秘密等保守秘密；

（六）应保证为甲方介绍的出租人具有房屋所有权证书或对出租房屋依法享有出租权利的其他证明及身份证、营业执照等身份资格证明；保证出租房屋产权明晰，不存在所有权纠纷或者其他权利纠纷；

（七）收取看房费、佣金、居间活动费用的，应向甲方开具合法、规范的收费票据；

（八）本合同签订后，乙方不得以任何形式向甲方收取任何名目的预收费用。

第六条 委托事项的完成

"完成委托事项"是指完成本合同第一条所列全部委托事项。甲方与出租人未签订书面租赁合同，乙方仅为甲方提供信息，或为甲方看房并与出租人签订房屋租赁合同提供联络、协助、撮合等服务的，均视为委托事项未完成。

第七条 费用与佣金

（一）看房费

看房费是指乙方陪同甲方到房屋现场看房实际发生的费用。

看房费用由甲方承担。看房费用为：每次＿＿＿＿＿＿元。甲方可以一次性交纳看房费用＿＿＿＿＿＿元，可看房＿＿＿＿＿＿次。

乙方完成委托事项的，甲方支付的看房费用抵作佣金。

（二）佣金

佣金是指乙方完成委托事项后应得的报酬。

乙方完成委托事项的，甲方应按照实际月租金的_____%向乙方支付佣金。

佣金应在甲方与出租人签订房屋租赁合同后_____日内支付。

佣金的支付方式：现金□；支票□；_____。

委托事项未完成或未在委托期限内完成的，乙方不得要求支付佣金。

（三）居间活动费用

居间活动费用是指乙方为完成委托事项实际支出的必要费用（不包括看房费、佣金）。

乙方完成委托事项的，居间活动费用由甲方承担。

非因乙方故意或过失导致委托事项未完成或未在委托期限内完成的，乙方可以要求甲方支付必要的、合理的居间活动费用。乙方要求甲方支付上述费用的，应当如实列明，并出具相关票据，做出合理解释。

除看房费、佣金和居间活动费用外，乙方不得向甲方收取其他任何费用（押金、信息费等）。

第八条 转委托

乙方将委托事项全部或部分转委托给第三人处理，应当事先征得甲方的同意。

第九条 本合同解除的条件

双方可以以书面形式协商解除合同。

第十条 违约责任

（一）甲方违反保密义务的，应按照_____标准支付违约金；

（二）在本合同第四条约定的期限内，甲方与乙方介绍的出租人私下成交的，应按照_____的标准支付违约金，乙方仍有权取得约定的佣金；

（三）甲方未如约支付看房费、佣金、居间活动费用的，应按照_____的标准支付违约金；

（四）乙方违反保密义务的，应按照_____标准支付违约金；

（五）乙方怠于履行尽力义务的，不得向甲方要求支付看房费、佣金、居间活动费；

（六）乙方提供虚假信息、隐瞒重要事实或有恶意串通行为的，除退还已收取的看房费、佣金、居间活动费用外，应按照_____标准支付违约金。甲方除按约定支付违约金外，还应对超出违约金以外的损失进行赔偿。

（七）乙方为甲方介绍的出租人不具有房屋所有权证书或对出租房屋依法享有出租权利的其他证明或身份资格证明，或所介绍房屋存在所有权纠纷或者其他任何权利瑕疵的，除退还已收取的看房费、佣金、居间活动费用外，应按照_____标准支付违约金，甲方除按约定支付违约金外，还应对超出违约金以外的损失进行赔偿。

第十一条 合同争议的解决办法

本合同项下发生的争议，由双方当事人协商或申请调解；协商或调解解决不成的，按下列第____种方式解决（以下两种方式只能选择一种）：

（一）提交仲裁委员会仲裁；

（二）依法向有管辖权的人民法院起诉。

第十二条 其他约定事项

第十三条 本合同一式二份，甲乙双方各执一份。经双方签字盖章后生效。

第十四条　合同一经生效，即对双方具有法律约束力。双方经协商一致可以对合同内容进行变更或对未尽事项做出补充规定。变更或补充规定应当采取书面形式，与本合同具有同等效力。

第十五条　本合同相关条款的约定是在不违背国家法律、法规和地方性法规的前提下做出的，如果国家法律、法规和地方性法规对委托人、居间人及出租人的资质、资格及其他有关方面有特别规定的，从其规定。

委托人（章）：	居间人（章）：
住所：	住所：
身份证号：	法定代表人：
法定代表人：	营业执照号码：
营业执照号码：	签约代表：
委托代理人：	房地产经纪机构资质证书号码：
电话：	电话：
传真：	传真：
邮政编码：	邮政编码：
合同签订时间：	合同签订时间：

项目二：二手房地产交易纠纷的处理实训

训练目标： 让学生了解房地产交易的常见纠纷，初步学习如何应对和解决这些纠纷。

1. 二手房地产交易纠纷的类别认识

（1）产权纠纷：

1）买卖不准出售的房屋，如被法院查封的房屋；与学校教学区不能分割的房屋；属于拆迁范围的房屋；已作为抵押物的房屋等。

2）夫妻双方仅一方同意出售或夫妻离异后对房产判决不明的房屋。

3）同一居所人员未能具结或子女未经父母（产权人）同意出售的房屋。

（2）房款纠纷：

定金或房款已经支付，但产权证却迟迟办不下来，房屋不能如期交付或是房屋交付但拿不到钱。

（3）物业纠纷：

卖方户口没有及时迁出、物业管理费用结算不清、水、电、煤气、电话、有线电视等费用的没有结算等。

（4）出售方无故毁约。

（5）中介机构操作不规范、不细致，买卖成交后买方领不到相关产权证明而纠纷。

（6）与中介机构收费纠纷。

2. 房地产交易纠纷处理案例分析

案例一：丈夫私自把房卖了

某夫妻王女士和李先生，李先生要投资一笔买卖，找王女士要钱，王女士没有同意。过了几天，李先生让王女士与他一起去房产中介签字，去了后才知道，李先生把他们家一套写在王女士名下的房子卖了，合同和对方签了，房产证放在了中介那儿，还收了人家两万元定金。请问这种交易是否合法,是否可以认定合同无效?

[分析] 这份合同有效。因为夫妻之间是一种互为代理行为,签订了合同就应该履行,当然,认定合同有效的前提是,这种财产的转让属于善意转让,也就是买房者属于善意的第三方,并且为此支付了合理的代价。

现在的离婚纠纷中,作为财产共有人的一方经常会利用夫妻互为代理关系来转移夫妻共有财产,如果利益被侵害的一方找到证据,证明这种交易并非善意转让,则合同无效。

案例二:2004年4月15日,周某与侯某签订了一份《上海市房地产买卖合同》,购买了一套房价315000元的房屋。双方在合同中约定在2004年5月1日交房,对户口问题也专门作了特别约定:"出卖方户口于交房前三日内迁出,如逾期未迁出则按房价的万分之五向买方支付违约金。"

签约后,2004年4月23日,周某取得该房的产权证。可是在周某入住房屋后,发现该房内仍然有他人庄某某的户口一直没能迁出。到2004年9月29日,周某就将侯某告到杨浦区法院,要求侯某支付违约金23600元。实际上,侯某所出售的房屋是她在2004年1月3日向夏某购买的。当时购买房屋后,夏某的女儿庄某某在该房内的户口就一直没能迁出,这种情况一直延续到侯某再将房屋转手卖给周某后,最终导致周某提起诉讼。到法院受理案件后的2004年10月17日,庄某某的户口迁出了上述房屋,但周某仍然要求追究侯某的违约责任。

在法庭上,对于周某的起诉,侯某则认为,该房屋交易之时是庄某某的户口在房屋内,而她自己的户口根本不在房屋内,所以不存在"逾期迁出卖方户口"的违约行为。

法院则审理认为,侯某在签订合同时,明知其出售的房屋内原有户口为庄某某,法院认定合同中特别约定的交房前三日内迁出"户口"是出售房屋内的户口,而不仅仅是侯某自己的户口。按合同法的规定,侯某因第三人的原因不能严格履行合同,已经构成对合同相对方周某的违约。最终法院判决,侯某支付周某违约金23600元。

案例三:蔡先生于今年上半年与张先生签订了购房合同,合同总价为70万元。由于是期房,小产证大约要到今年下半年才能够办出,于是双方约定由蔡先生先支付39万元房款,张先生则将该房屋交付给蔡某使用。待小产证办出之后3日内,由张先生协助办理产权过户,蔡先生通过贷款支付余款。但是当张先生在办理出小产证之后,却以签订合同时没有产证,合同应属无效为由拒绝交易。蔡先生为此起诉到法院,要求继续履行合同。

案例中交易双方所签订的购房合同应当受到法律保护,虽然根据相关规定,没有产权证的房屋不能转让,但是双方已经在合同中约定,当房屋符合国家规定的转让条件时办理产权过户,而张先生现在也已经取得了小产证,符合法定转让条件,因此应当履行合同。法院最终也判决要求张先生继续履行合同,协助办理产权过户。

案例四:下家反悔不买房 意向金不能返还

秦某通过中介看中定西路上一套二手房,并在《承购意向书》中同意房屋总价为36万元,一周后签订买卖合同。按意向书约定,秦某当天付了1万元意向金。一周后,秦某反悔,要中介退回意向金,遭到中介拒绝。为此,秦某把中介告上法庭。

法院经审理查明,秦某根据意向书付了1万元意向金,意向书对意向金的用途及处理方法作出明确约定:"议价成功后,意向金转为购房定金,如承购方违约不买或不依约履行,则意向金由出售方没收"。庭审中,中介出示证据证明,在收到意向金次日,上家张某在承购意向书上签字确认并收取定金人民币1万元。据此,一审法院驳回了秦某的请求。秦某未上诉。

[分析] 意向金的处理不同于定金,其遵循"合同自由"原则,根据双方的约定处理。在实践中,按照法院判决及行业惯例,意向书中对意向金的约定及上下家议价是否成功是意向金能否返还的关键。在议价成功前,按照规定,上下家均有权单方面终止对中介的委托,因此意向金应当返还。不过,上下家撤销委托给中介造成损害的,应承担赔偿责任。议价成功以上下家就买卖主要条款达成一致或定金支付为准。一般来说,上家收到中介转付的意向金后,上下家产生定金法律关系。这意味着任何一方拒绝交易,都要按"定金罚则"处理,即上家不卖房需双倍返还,下家不买房不能拿回意向金。在此,有两点需要说明:一是意向金的处理应当有明确的书面约定;二是中介方应当履行告知义务并遵守诚信原则,否则不能擅自把意向金转为定金。

案例五:中介居间不成 下家不能获赔

张某通过中介看到广元路上一套二手房挂牌出售,觉得比较合适,随即通过中介联系看房并达成购买意向,当天向中介付了意向金1万元。但是,当中介联系到上家,确认房屋买卖事宜并转付意向金时,上家反悔,以家庭意见不统一为由拒绝卖房。无奈,中介只得通知张某,居间不成功,上家不肯卖房,请他另换其他房屋,或取回意向金。但张某认为,买卖不成,中介公司应承担违约责任。经多次协商,张某与中介未取得一致。张某把中介告上法院,要求中介按照"定金法则"承担赔偿责任。法院一审判决驳回了张某的赔偿请求,二审维持原判。

[点评] 在这类纠纷中,有个共同的特征,即下家认为既然与中介签订居间合同,约定具体的买卖条件,且付了一定数额的意向金或预付了部分房款,最后却未能买到房子,认为中介违约了。笔者将此类纠纷称为"包购纠纷",即下家误认为中介必须居间成功,否则即是违约。这样的主张法院是不能支持的。居间服务是信息服务和媒介服务,居间服务最显著的特征是"居间性",即居间人不是上下家任何一方的代理人,其服务行为是事务性行为,不是法律行为,不能决定买卖最后能否成功,当然也不能承担上下家任何一方的权利或义务。当然,若居间不成,根据我国《合同法》的规定,中介不得向委托人收取报酬。居间活动的商业风险依法由居间人自行承担。

复 习 思 考 题

1. 以当地二手房交易为例,了解交易的流程与各项税费的计算方式。
2. 买卖不成房产中介能不能收取费用?
3. 怎样安全保障房屋租赁活动?
4. 承租人提前退租怎么办?

第五章 房地产经纪代办业务流程与实训

理论内容
- 房地产经纪各代办业务流程

实操内容
- 按揭贷款实训
  - 项目一：商品房按揭贷款业务训练
  - 项目二：二手房按揭贷款业务实训
- 房屋抵押贷款业务实训
- 已抵押房屋再贷款（转按揭）业务实训
  - 项目一：转按揭业务实训
  - 项目二：押旧楼买新楼抵押贷款收费标准
- 房地产权属登记代办服务实训

第一节 按揭贷款代办业务流程与实训

项目一：商品房按揭贷款业务代办训练

训练目标：了解商品房按揭贷款业务的流程，会代客户办理商品房按揭贷款手续。

1. 咨询、申请，按要求提供材料

购房人到房地产中介公司咨询商品房按揭贷款事宜，经纪人员礼貌接待客人，并向客户介绍按揭贷款的具体流程和注意事项，签定委托代办合同，检查购房人的以下资料：身份证、收入证明、付清首期款证明。填写按揭贷款申请表，见附表5-1。

2. 弄清客户住房按揭借款的类别

即为商业性贷款、公积金贷款还是组合贷款（指商业性与公积金贷款的组合）。

3. 公积金贷款

申请人到公积金管理中心"咨询、复印"窗口领取、填写申请表；公积金中心"个人住房贷款"窗口收件、审批商业贷款，向银行提出申请，银行审批，确定贷款额度；

以建设银行为例，向建设银行正式提出借款申请时应提交下列资料：

(1) 建设银行个人住房借款申请表；
(2) 身份证件（居民身份证、户口本、居留证件或其他身份证件）；
(3) 借款人偿还能力证明材料；
(4) 合法的购房合同、协议或（和）其他批准文件；
(5) 抵押物或质押权利清单及权属证明文件，有处分权人出具的同意抵押或质押的证明，贷款行认可的评估机构出具的抵押物估价报告书；

(6) 保证人出具的同意提供担保的书面承诺及保证人的资信证明；
(7) 借款人用于购房的自筹资金的有关证明；
(8) 贷款行规定的其他文件和资料。

提示：当申请个人住房公积金贷款（或组合贷款）时，须向当地的住房公积金管理中心提出申请，并须提供上述（2）~（8）贷款资料。

4. 签订贷款合同及相关法律文件

贷款银行对借款人提交的全部文件、资料的真实性、合法性和贷款的可行性进行审查、评估后向借款人作出正式答复。同意申请的，银行与借款当事人各方签订合同，银行向借款申请人提供最高不超过购房总价的8成、最长不超过30年的按揭借款。按揭借款合同如下：

房产按揭贷款合同（深圳）

抵押权人：（贷款人）
抵押人：（借款人）
担保人：（担保人）

第一条　总则

抵押权人与抵押人于20＿＿＿年＿＿＿月＿＿＿日会同担保人签订本房产按揭贷款合同（下称"合同"），抵押人同意以其与担保人签订之房产买卖合同项下之全部权益抵押予抵押权人，赋予抵押权人以第一优先抵押权，并愿意履行合同全部条款；抵押权人向抵押人提供一定期限抵押贷款，作为抵押人购置抵押物业之部分楼款。担保人同意承担该笔贷款之担保责任。

经三方协商，特订立本合同，应予以遵照执行。

第二条　贷款内容

一、贷款金额＿＿＿币＿＿＿元整。抵押人必须将此笔贷款全部以抵押人购楼款名义，存入售房单位账户。

二、贷款期限从＿＿＿年＿＿＿月＿＿＿日至＿＿＿年＿＿＿月＿＿＿日共＿＿＿月。

三、贷款利率：月息＿＿＿‰。如遇国家利率调整，贷款利率相应调整。

第三条　还本付息

一、本合同项下之贷款本金及其相应利息以分期付款等额偿还的方式还本付息。期数＿＿＿，每期应缴付本息＿＿＿＿（不包括利率调整带来之应缴金额变动），首期还款日＿＿＿。

二、抵押人必须在抵押权人处开立存款账户。抵押人对与本抵押贷款有关之本息和一切费用，可照付该账户，若因此而引致该账户发生透支，概由抵押人承担偿还之责。

三、如果抵押人未能按规定及时缴付本息时，抵押人必须立即补付期款及逾期利息。抵押权人有权在原利率基础上，向抵押人加收20%以上的罚息。抵押人所欠利息，按日累积计收。

第四条　提前还款

一、抵押人自愿提早缴付本合同规定之部分或全部款项时，需提前1个月以书面形式通知抵押权人并经认可，且应给予抵押权人相等于该部分或全部款项1个月利息之补偿金。

二、在下列所述之任何情况下，抵押权人有权要求抵押人立即提前清还部分或全部实际贷款额，及（或）立即追讨担保人。

（1）抵押人及（或）担保人违反本合同之任何条款。

（2）抵押人及（或）担保人有不正当或违法经营。

（3）抵押人及（或）担保人发生任何之重大变化而影响其履行本合同条款能力。

（4）抵押人舍弃抵押房产。

第五条　手续费及其他费用

一、抵押贷款手续费：抵押人应按贷款金额的3‰缴付手续费，在贷款日一次性付清。抵押权人在任何情况下都不予退还该笔手续费。

二、抵押贷款文件及保管费：抵押人在贷款日一次性付人民币100元整。

三、公证费用及抵押登记费用：有关本合同所涉及之公证及抵押等费用，全部由抵押人支付。

四、由于抵押人或担保人的原因引致抵押权人采取正当行为而引起的费用，概由抵押人及（或）担保人负责偿还，且该项费用自发生之日起至收到之日止，同样按日累积计收利息。

第六条　房产抵押

一、本合同项下的房产抵押是指抵押人与担保人签订之"房产买卖合同"内抵押人全部权益抵押，包括：

（1）房产物业建筑期内（售房单位发出入住通知书日期之前）抵押人之权益抵押。

（2）售房单位发出入住通知书后抵押人之房产物业抵押（见附表）。

二、抵押房产物业登记

（1）物业建筑期之购房权益抵押应向××市房地产权登记处办理抵押备案。抵押人"房产买卖合同"及由售房单位出具之"已缴清楼价款证明书"等交由抵押权人收执和保管。

（2）物业建成入住即办理房产物业抵押登记，抵押物业之《房产权证书》由担保方负责办妥并交由抵押权人收执和保管。

三、抵押房产物业的保险

（1）抵押人须在规定时间内，到抵押权人指定的保险公司并按抵押权人指定的险种投保。保险标的为本合同项下之抵押房产。投保金额不少于重新购置抵押房产金额之全险。在贷款本息还清之前，抵押人不得以任何理由中断保险，否则由此引起的一切费用及损失，概由抵押人承担。

（2）保险单上必须注明抵押权人为保险第一受益人，且不得附有任何有损于抵押权人权益和权力的限制条件，或任何不负责赔偿之金额（除非经抵押权人书面同意），保单正本由抵押权人执管。

（3）若上述保险赔偿金额数，不足以赔付抵押人所欠抵押权人的欠款时，抵押权人有权向抵押人或担保人追偿，直到全部收回。

倘该房产在本合同有效期内受到损坏，而保险公司认为修理损坏部分符合经济原则者，则保单项下赔偿金将用于修理损坏部分。

四、抵押之解除

该抵押人依时清还抵押权人一切款项,并履行合同全部条款及其他所有义务后,抵押权人即须在抵押人要求及承担有关费用之情况下,解除在抵押合同中对有关抵押房产的抵押权益,并退回抵押物业之"房产权证书"及"房产买卖合同",另具函××市房地产产权登记处将该项抵押物之抵押登记予以注销。

五、抵押物之处分

(1) 抵押人逾期30天仍未清缴全部应付款项或抵押权人按本合同规定要求抵押人立即提前归还部分或全部欠款而不得时,抵押权人即可通过拍卖、转让、出租抵押物等形式行使其处分抵押物之权力。

(2) 抵押权人处分抵押物所得价款在依次扣除处分该抵押物而支出的一切费用、所欠之一切税款及抵押人根据此合同一切应付之费用及杂费后,扣还抵押人所欠贷款及应付利息。如有余款,抵押人将其退还抵押人或其他有权收取之士,如不足,抵押权人有权另行追索抵押人及(或)担保人。

(3) 抵押权人于运用其权力及权利时,而令抵押人受到不能控制之损失,抵押权人概不负责。

抵押人声明及保证

抵押人在遵守本合同其他条款的同时,还作声明及保证如下:

一、向抵押权人提供一切资料均真实可靠,无任何伪造和隐瞒事实之处。

二、未经抵押权人同意,抵押人不得将上述抵押房产全部或部分以任何形式处置。如上述抵押房产之全部或部分发生毁损,不论何原因所致,亦不论何人之过失,均由抵押人负全部责任,并向抵押权人赔偿由此引起的一切损失。

三、抵押人将抵押房产出租必须事先征得抵押权人的书面同意,且租约内必须订明:抵押人背约时,由抵押权人发函日起计1个月内,租客即须迁出。

四、如担保人代抵押人偿还全部欠款,抵押人同意抵押权人将抵押物业权益转给担保人,担保人有权以任何形式处分抵押物并对抵押人有追索权,抵押人对担保人则没有反索权。

五、按照抵押权人合理之请求采取一切措施及签订一切有关文件,以确保抵押权人之合法权益。

第七条 担保及担保责任

一、担保人是中华人民共和国的企业法人,是本合同项下抵押权益之房产买卖合同的卖方,也是本合同项下贷款抵押人的介绍人及担保人,承担无条件及不可撤销担保责任如下:

(1) 担保额度:以本合同项下贷款本息及与本合同有关之诉讼费用为限。

(2) 担保期限:以本合同生效之日起至担保人交付房产,发出入住通知书和办妥房产权证并交与抵押权人止。

二、担保人保证按抵押权益之房产买卖合同的要求,准时、按质完成抵押物业的建造工程,抵押权人对此不负任何责任。

第八条 抵押权人在核实已收齐全部贷款文件后3天内须将贷款金额全数贷出。

第九条 其他

一、对本合同任何条款，各方均不得以口头形式或其他形式修改、放弃、撤销或终止。

二、在本合同履行期间，抵押权人对抵押人任何违约或延误行为施以的任何宽容、宽限或延缓履行本合同享有的权益和权力，均不能损害、影响或限制抵押权人依本合同和有关法律规定的债权人应享有的一切权益和权力。

三、本合同不论因何种原因而在法律上成为无效合同、或部分条款无效，抵押人和担保人仍应履行一切还款责任。若发生上述情况，抵押权人有权终止本合同，并立即向担保人和抵押人追偿欠款本息及其他有关款项。

四、抵押权人向抵押人和担保人讨还欠款时，只须提供抵押权人签发之欠款数目单（有明显错误者例外），即作为抵押人和担保人所欠之确数证据，抵押人和担保人不得异议。

五、本合同未尽事宜，按照国家有关法律及有关法规执行。

第十条 本合同按中华人民共和国法律订立，并受其保障。

第十一条 附则

一、本合同须由三方代表签字，并经××市公证处公证。

二、本合同以抵押权人贷出款项之日期作为合同生效日。

三、本合同内所述之附表一、二，抵押贷款申请书，借款借据及抵押人与担保人所签订之房产买卖合同为本合约不可分割之一部分。

四、本合同用中文书写，一式五份，均具有同等法律效力，抵押人、抵押权人、担保人各执一份，公证处、登记处各存档一份。

本合同各方已详读及同意遵守本合同全部条款。以下签章作实。

抵押人：（公章）　　抵押权人：　　　　担保人：
代　表：　　　　　　代　表：　　　　　代　表：
登记机关：
抵押登记编号：
抵押登记日期20　　年　　月　　日

附表一：抵押人材料

抵押人（业主）姓名：（中文）

（英文）

性别：　年龄：身份证号码：

工作单位：　电　话：

配偶姓名：　　年龄：　　身份证号码：

工作单位：　　　　　　电　话：

家庭住址：

附表二：

抵押物详情

房产住址：

大厦名称：　　　　楼宇座号：　　　　楼数：

年　　期：　　　　面积（建筑）：

用　　途：　　　　购入价：

房地产买卖合同公证编号：（　　　　）深证房售字第　　号

5. 办理过户手续

签订合同后，到国土房管部门办理房地产过户手续。

办理过户应缴税费：（一、二手楼交易均适用）

分项种类	费率	收费单位	支付人		备注
			买方	卖方	
印花税	合同价×0.1%	税务局	√	√	双方各0.05%
房产转移登记费	个人50元 企业80元	国土局	√		
契税	合同价×1.5%或3%	税务局	√		普通商品房权属转移契税1.5%；别墅度假村等高档住宅契税3%
房地产证贴花	5元	税务局	√		印花税票
抵押登记费	抵押登记价值×0.1‰（最低100元）	国土局	√		

6. 办理抵押登记手续

签订合同后，应根据国家和当地的法律法规，办理抵押登记、保险及其他必须的手续，并视实际情况办理合同公证。抵押登记与保险费用由借款人负担，合同公证费用由借贷双方各承担50%，抵押期间保险单正本由贷款银行保管。

7. 银行发放贷款

选用委托扣款方式还款的客户在贷款行指定的营业网点开立还款专用的储蓄存折帐户或储蓄卡、信用卡账户。

个人住房借款申请表　　　　表 5-1

中国建设银行上海市分行个人住房借款申请表（带★为必填）			
借款申请人资料		性别	
申请人中文姓名	★	出生年月	
申请人英文姓名		民族	
证件名称	★	国籍	
证件号码	★	户籍所在地	

续表

中国建设银行上海市分行个人住房借款申请表（带★为必填）

职业		所购房屋资料★	
岗位		所在楼盘名称	
职称		建筑面积	★
职务		期房/现房	★
工作单位	★	房屋类别	
本人月收入		房屋坐落地址	
文化程度		房屋户型	
婚姻状况		房价总金额	★
配偶姓名		单价	
配偶证件号码		售房合同编号	★
家庭月收入		已付购房款	
每月可还款金额		已有全产权自有住房资料★	
每月还款金额占家庭收入比例		房屋类别	★
家庭电话	★	房屋坐落地址	★
单位电话		房价（评估价）	★
手机		建筑面积	★
供养人数		期房/现房	★
主要经济来源		房屋户型	★
其他经济来源		房地产权证编号	★
公积金账号		提供担保方式★	
通信地址	★	抵押物（1）名称	
邮政编码	★	抵押物（1）总价	
其他联系方式		抵押住房（1）位置	
邮政编码		产权证（1）号码	
借款指定转入帐号资料	不签定合作协议不需填写	抵押物（2）名称	
		抵押物（2）总价	
收款人账号	★	抵押住房（2）位置	
收款人开户银行	★	产权证（2）号码	
收款人全称	★	保证人名称	

个人住房商业性贷款利率及万元还本息金额表（单位：元）

商业贷款利率表（6.390‰）（2006.04.28.起执行） 表5-2

年份	月数	月利率（‰）	年利率（%）	月还款额	利息合计
0.5	6	4.050	4.860	到期一次还本付息	
1	12	4.388	5.265	到期一次还本付息	585
2	24	4.523	5.427	440.628704	640.191

续表

年份	月数	月利率（‰）	年利率（%）	月还款额	利息合计
3	36	4.523	5.427	301.629868	956.792
4	48	4.590	5.508	232.601213	1299.24
5	60	4.590	5.508	191.048549	1633.19
6	72	4.793	5.751	164.556020	2065.48
7	84	4.793	5.751	144.894788	2428.84
8	96	4.793	5.751	130.205229	2798.86
9	108	4.793	5.751	118.829872	3175.49
10	120	4.793	5.751	109.774209	3558.69
11	132	4.793	5.751	102.405343	3948.41
12	144	4.793	5.751	96.301322	4344.59
13	156	4.793	5.751	91.170007	4747.17
14	168	4.793	5.751	86.802706	5156.1
15	180	4.793	5.751	83.046364	5571.29
16	192	4.793	5.751	79.786174	5992.68
17	204	4.793	5.751	76.934329	6420.2
18	216	4.793	5.751	74.422524	6853.76
19	228	4.793	5.751	72.196821	7293.28
20	240	4.793	5.751	70.214060	7738.67
21	252	4.793	5.751	68.439294	8189.85
22	264	4.793	5.751	66.843920	8646.71
23	276	4.793	5.751	65.404304	9109.18
24	288	4.793	5.751	64.100744	9577.14
25	300	4.793	5.751	62.916683	10050.5
26	312	4.793	5.751	61.838108	10529.2
27	324	4.793	5.751	60.853075	11013
28	336	4.793	5.751	59.951345	11501.9
29	348	4.793	5.751	59.124085	11995.9
30	360	4.793	5.751	58.363638	12494.6

个人住房公积金贷款利率及万元还本息金额表（单位：元）

公积金贷款利率表（4.59%）（2006.04.28.起执行）　　表 5-3

年份	月数	月利率（‰）	年利率（%）	月还款额	利息合计
0.5	6	3.450	4.140	到期一次还本付息	
1	12	3.450	4.140	到期一次还本付息	414.00
2	24	3.450	4.140	434.872617	436.94
3	36	3.450	4.140	295.863039	651.07

续表

年份	月数	月利率（‰）	年利率（%）	月还款额	利息合计
4	48	3.450	4.140	226.417566	868.04
5	60	3.450	4.140	184.797680	1087.86
6	72	3.825	4.590	159.154406	1459.12
7	84	3.825	4.590	139.420595	1711.33
8	96	3.825	4.590	124.656369	1967.01
9	108	3.825	4.590	113.205099	2226.15
10	120	3.825	4.590	104.072796	2488.74
11	132	3.825	4.590	96.626911	2754.75
12	144	3.825	4.590	90.445730	3024.19
13	156	3.825	4.590	85.237307	3297.02
14	168	3.825	4.590	80.793076	3573.24
15	180	3.825	4.590	76.960097	3852.82
16	192	3.825	4.590	73.623656	4135.74
17	204	3.825	4.590	70.696021	4421.99
18	216	3.825	4.590	68.108955	4711.53
19	228	3.825	4.590	65.808578	5004.36
20	240	3.825	4.590	63.751786	5300.43
21	252	3.825	4.590	61.903668	5599.72
22	264	3.825	4.590	60.235675	5902.22
23	276	3.825	4.590	58.724208	6207.88
24	288	3.825	4.590	57.349598	6516.68
25	300	3.825	4.590	56.095323	6828.60
26	312	3.825	4.590	54.947398	7143.59
27	324	3.825	4.590	53.893908	7461.63
28	336	3.825	4.590	52.924637	7782.68
29	348	3.825	4.590	52.030777	8106.71
30	360	3.825	4.590	51.204691	8433.69

项目二：二手房按揭贷款业务流程与实训

训练目标：了解二手房按揭贷款业务的流程，会代客户办理二手房按揭贷款手续。

1. 二手房按揭贷款业务流程认识（以重庆市为例）

凡重庆市城镇常住户口、年龄在18～65岁的居民，均可向建设银行重庆市分行申请额度为所购住房评估额或成交额50%、期限最长为10年的二手房按揭贷款，利率按人行规定的个人住房贷款利率执行。

重庆城镇居民办理二手房按揭贷款的程序是：借款人向建行或××咨询公司（房地产中介公司）咨询了解情况，填写《个人住房贷款申请表》，同时与咨询公司签订《二手房按揭贷款服务合同》，并提交相关资料，银行进行初步审查之后，指定评估机构对借款人所购房屋进行评估，银行与借款人签订《借款合同》和《抵押合同》，借款人委托咨询公司代办财产保险、房屋转移登记和抵押登记等手续，最后是银行发放贷款。如一切顺利，整个贷款过程半月左右完成。

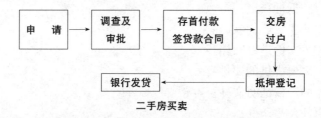
二手房买卖

二手房按揭贷款有公积金贷款、商业贷款和组合贷款。

2．二手房公积金按揭贷款训练

（1）中介公司购买二手房。

购房人到房地产中介公司咨询二手房按揭贷款事宜，经纪人员向客户介绍按揭贷款的流程和注意事项，签定委托代办合同。

检查购房人以下资料：身份证、收入证明、存折复印件、购房首期款证明、评估报告。

检查卖房人以下资料：身份证、存折复印件、房产证原件。

另外，按银行规定的其他条件提供相关材料。

（2）提出借款申请，填写按揭贷款申请表。见附表5-1。

（3）持借款申请到公积金管理中心办理审批手续审批。

（4）银行信贷部审批（组合贷款需要）。

如果贷款额度超过了公积金贷款的最高限额，则超出部分应该申请商业贷款。购房人需填写贷款申请到银行进行审批。

（5）与银行签订借贷合同。

（6）保险公证。

（7）房屋产权抵押登记。

（8）银行见他项权证放款。

（9）每月用卡还款。

3．商业贷款按揭训练

（1）中介公司购买二手房；

（2）借款申请；

（3）银行信贷部审批；

（4）与银行签订借贷合同；

（5）保险公证；

（6）房屋产权抵押登记；

（7）银行见他项权证放款；

（8）每月用卡还款。

4．商品房二手房按揭训练

(1) 对新的买家进行初评,预计贷款限额。这一步由买家自己处理,同时和中介公司签署"三方买卖合约"。

(2) 由按揭公司专员与买卖双方签订申请文件和贷款抵押合同等文件。

(3) 将上述文件提交相关银行,由银行批复贷款额。

(4) 交易过户和抵押登记。

(5) 银行向原业主发放贷款。

(6) 银行将相关文件进行归档。

户主(卖方)需要提供的要件有:

(1) 拟卖房屋的产权证明文件正本;

(2) 测绘图原件及复印件;

(3) 需要提供共有的房地产需提交《房地产共有(用)证》及共有人对房地产买卖的书面意见;

(4) 如房屋已出租,须提供租户同意搬迁的证明资料;

(5) 身份证原件,港、澳人士提供回乡证,外籍人士及台湾人士提供护照、居留证;

(6) 户口簿正本或复印件;

(7) 婚姻状况证明:结婚证(副本亦可)或未婚证明正本。

5. 房改房二手房按揭训练

房改房按揭贷款的业务流程及操作步骤以及申请贷款人资格和买家提供的资料与商品房按揭内容类同。仅仅是在交易的过程中,户主所需提供的资料略有不同。除上述商品房二手房按揭七项之外,还需要提供以下三项材料:

(1) 单位同意该房产上市并加盖公章的《房屋买卖征询意见通知》(所填写的表格不可使用复印件,一式一份);

(2) 单位加盖公章的《缴款明细表》复印件(上述缴款表如原产权单位未能提供,可到房管局申请调档,需支付一定的费用);

(3) 《公有住房购房协议》。

6. 二手房按揭费用计算实训

(1) 购房抵押贷款收费举例。此例适合有房产证房屋交易的贷款业务,按揭年限:5年,面积:60 m^2,贷款额:21万元(评估的七成),产权:私人。

费用计算明细表:

费用名称	数 额	费用名称	数 额
初步评估费	300元	业主委托公证费	100元
查案费	90元	律师费	210000元×1.5% = 3150元
物业评估费	300000元×0.6% − 300元 = 1500元	贷款印花税	210000元×0.05% = 10.50元
公证(2份)	400元	合计	7050.50元
保险费	300000元×0.5%×5年 = 1500元		

(2) 广州某先生在东山区看中了一套二居室的二手房,已有购买意向,但是资金不够,欲办理二手按揭。办理二手楼按揭具体需要哪些费用?

收费项目和所需费用如下所示:

查案费 90 元

预交评估费 300 元

他项权利登记费 250 元

抵押物评估费 评估价 × 0.5% − 300（最低 1000 元，最高 3000 元）

合同公证费 300 元

保险费 评估价 × 0.1% × 年限 × 折率

合同印花税 贷款额 × 0.005%

律师费 贷款额 × 1.2%（最低 2000 元，最高 3500 元）

注：保险费折率 2~5 年 9 折，6~10 年 8 折，11 年以上 7 折；

评估价超过 300 万元以上评估费为：贷款额 × 0.5% × 50%

附 1：公积金贷款的对象和额度

1. 对象：具有当地城镇常住户口或有效居留身份；

具有稳定的职业和收入，信用状况良好，有偿还贷款本息的能力；

在本市（包括所属区县）购买自住住房；

具有购买住房的合同或相关证明文件；

申请贷款前已连续缴存住房公积金 6 个月（含）以上或累计缴存住房公积金 12 个月（含）以上，且申请贷款时仍正常缴存；

提供管理中心认可的担保方式；

符合管理中心规定的其他条件。

2. 贷款额：

单笔贷款最高额度规定：

单笔贷款最高额度为 40 万元；

《个人信用评估报告》评定的信用等级为 AAA 级的借款申请人，贷款金额可上浮 30%；AA 级的可上浮 15%。

贷款期限：贷款期限最长为 30 年，且不受借款申请人的年龄限制。

附 2：商业贷款额度

二手房按揭贷款受理条件：有固定经济来源、有归还本金和利息的能力、必须有担保人、同意所买房屋作抵押、必须取得他项权证、提供购买人及配偶的身份证、私章、户口簿、收入证明。

一般最高成数为 7 成 15 年，具体贷款成数由经办网点根据借款人资信情况以及借款人所购房产的区域位置、成新状况、房屋结构等情况确定。

第二节 房屋抵押贷款业务流程与实训

训练目标：了解房屋抵押贷款的业务流程并会代客户办理该项业务。

房产抵押贷款是指借款人以自有或第三者的物业（包括住宅、写字楼、商铺、厂房等）作抵押，用于个人综合消费并以按揭形式还款的贷款类别。

[案例] 此例适合有房产证的按揭业务

程序	手续及文件	时间	费用
一、贷款申请及初步评估	1. 交申请表，卖方产权证明（复印件）、买方收入证明及身份证复印件（核对原件） 2. 房屋估价 3. 交购房意向书（范本由律师所提供）	2天	初步评估费300元 （如接受贷款则在评估费中扣除查案费90元） 定金（律师所或中介公司代收）
二、资料调查、贷款批复及贷款受理	1. 调查及审批 2. 初步回复（贷款额及年限） 3. 签购房抵押贷款合同 4. 办理授权委托公证 5. 预签保单	3天	评估费（100万元以下为0.6%，100万以上至1000万元为0.25%，均依评估价计算）； 首期购房款； 公证费400元； 预交保险费（物业评估的）1%×贷款年限 预交律师费（贷款额的1.5%，最高不超过6000元）
三、房屋交易及抵押登记	买卖双方或委托律师到房管局办理（带备产权证、身份证原件）	按房管局规定时间	买卖双方约共付房产价的3.5%（按房管局规定缴交）
四、发放贷款	买卖双方缴清保险费、律师费、中介费等费用，将收据交银行检查	5天	印花税（贷款额的0.05%）

注：1. 手续所需进间随房屋产权背景的复杂程度有所增减；
  2. 以上收费以每套房为标准；
  3. 费用如有变动，以当时公布为准；
  4. 费用的实际支付方式由买卖双方协商确定。

附：房屋抵押贷款注意事项

（1）办理房产抵押贷款的条件：年满18周岁，具有完全民事行为能力的自然人；具有稳定的职业和收入、信用良好，有偿还能力；银行规定的其他条件。

（2）所需提交的资料有：身份证明、户口本、婚姻证明、收入证明、抵押房产的房地产证及评估报告、贷款用途证明、银行规定的其他资料。

（3）房产抵押贷款所规定的用途：购商品性房产（包括住宅、商铺、写字楼等）、购车、家居装修、出国留学、购买生产所需原材料、用于经营的周转资金。

（4）房产抵押贷款的贷款成数、年限及利率：贷款金额根据所选择的贷款用途的不同确定，但一般不超过抵押房产评估净值的60%；年限一般不超过20年；贷款利率按人民银行有关个人消费贷款的规定执行。

（5）房产抵押贷款的还款方式：对于2年期以下的贷款，可按月付息，一次或两次还本；对于2年期以上的贷款，可选择等额本息还款法或等额本金（递减）还款法。

（6）办理房产抵押贷款所需交纳的费用：物业评估费、抵押登记费、律师费（个别银行收取）、保险费（境外人士还需公证费）。

(7) 办理房产抵押登记所需的文件：银行开具的法人代表证明书、法人授权委托书、法人及受委托人身份证复印件、营业执照复印件、金融许可证复印件、抵押贷款合同、房产抵押登记申请表、房产证、业主身份证复印件。从递件到取件需15个自然日。

(8) 共有房地产，每个共有人都有权对该房地产设定抵押权，但须取得其他共有人的书面同意。按份共有的房地产设定抵押时，以抵押人本人所有的份额为限；以共同共有的房地产设定抵押时，全部房地产均为抵押财产，抵押物变卖时，其他共有人员负连带责任，在以变卖款偿还债务后，其他共有人有权向抵押人追偿。

第三节 已抵押房屋再贷款(转按揭)业务流程与实训

训练目标：了解转按揭的业务流程并会办理该项业务。

项目：转按揭业务实训

案例：张先生今年6月由于急需一笔资金周转生意，愿意把在亚运村小营附近的一套贷款27万元的商品房以低价出售，但是该房屋在建行的贷款仍有18万元(建设银行)没有还清。孙女士看中张先生这套房子，但是孙女士也需要通过按揭贷款方式(浦东发展银行)购房。

转按揭业务训练：

(1) 交易双方通过房地产中介公司签订了三方房屋买卖合同。

(2) 买卖双方协商价格。如案例中买卖双方协商以30万元的价格成交该套房屋。

(3) 买方(孙女士)先期支付10万元作为购房首付款；卖方(业主张先生)前往建行办理"按揭变更"手续，即申请提前还款。

(4) 由房地产中介公司作担保，孙女士在浦东发展银行办理了20万元的二手房按揭贷款，其中18万元支付给建设银行用于张先生提前还贷解除抵押。其后业主张先生与该中介公司办理房屋过户全权委托并公证。

(5) 过户成功后，将孙女士向浦东发展银行申请的20万元贷款中剩余款2万元交予张先生。

(6) 房地产担保公司为孙女士领取到新的房产证后抵押并登记，然后将房产证交予孙女士，至此交易完成。

由以上案例，可总结转按揭贷款流程如下：

(1) 买卖双方提供相关资料并签署银行相关的法律文书；

(2) 买卖双方提供相关资料并签署担保公司相关的法律文书；

(3) 银行及担保公司受理并审查该笔赎楼贷款业务；

(4) 银行受理无误后出具《贷款承诺书》；

(5) 售楼方与担保公司一同去公证处办理委托公证，全权委托担保公司办理赎楼及过户等手续；

(6) 担保公司根据银行提供的《贷款承诺书》、《公证书》等资料向银行出具《保证担保合同》；

(7) 银行根据担保公司提供的《保证担保合同》及买卖双方签署的相关资料,审查后发放赎楼贷款;

(8) 贷款发放后立即根据借款人签署的《划款委托书》将贷款划到担保公司指定的账户;

(9) 担保公司持《公证书》及售楼方提供的存折等资料到原按揭贷款银行办理提前还贷;

(10) 原按揭贷款银行办理提前还贷手续,并将《房地产证》到国土部门办理注销抵押登记手续;

(11) 担保公司持《公证书》到原按揭贷款银行领取注销抵押登记后的《房地产证》;

(12) 担保公司持《公证书》及已办理注销抵押登记的《房地产证》与购楼方一同去国土部门办理过户,过户后担保公司持《过户回执》;

(13) 办妥过户后担保公司持《过户回执》与购楼方一同去国土部门领取办妥过户后的《房地产证》;

(14) 银行与购楼方到国土部门办理抵押登记手续,银行持《抵押回执》(一般情况下与领取过户后的《房地产证》同步进行);

(15) 办妥抵押后银行持《过户回执》到国土部门领取办妥抵押的贷款合同及《房地产证》(如果属提前向购买方发放贷款赎楼的则到此时业务已完结);在向售楼方发放赎楼贷款情况下,银行发放二手楼贷款,收回赎楼贷款。

(16) 银行根据办妥抵押登记的贷款合同及《房地产证》发放二手楼按揭贷款;

(17) 银行根据购楼方签署的《划款委托书》将贷款划至售楼方指定的账户;

(18) 银行从售楼方指定的账户收回赎楼贷款。

项目二:押旧楼买新楼抵押贷款收费训练

评估价:50万元　　按揭年限:5年　　按揭成数:六成

费用名称	数额	费用名称	数额
初步评估费	300元	他项权利登记费(含登记费、证照印花税、查册费等)	250元
查案费	90元		
物业评估费	500000元×0.6%-300元=2700元		
公证费(2份)	400元		
保险费	500000元×0.1%×5年=2500元	贷款印花税	300000元×0.05‰=15元
律师费	300000元×0.8%=2400元	合计	8655元(约占评估价的1.7%)

注:押旧买新楼抵押贷款业务律师按贷款额的0.8%收取,最高不超过3500元。

第四节　房地产权属登记代办服务实训

房地产权属(房屋所有权和土地使用权以及由此而产生的相关物权)的登记可分为以下6种:总登记、初始登记、转移登记、变更登记、他项权利登记、注销登记。

项目一：房地产经纪机构权属登记代办业务训练

训练目标：了解权属登记代办的程序，了解申请房地产权属登记的条件与期限。

1. 审查委托人申请登记的条件

申请房地产权属登记应同时具备的条件是：

(1) 申请人具有申请资格，权利人为法人、其他组织的，应使用法定名称，由其法定代表人申请；权利人为自然人的，应使用其身份证件的姓名。共有的房地产，由共有人共同申请。如权利人或申请人委托代理申请登记时，代理人应向登记机关交验代理人的有效证件，并提交权利人（申请人）的书面委托书。设定房地产他项权利登记，由相关权利人共同申请；

(2) 有明确具体的申请请求；

(3) 申请登记的房地产产权来源清楚、合法、证件齐全，没有纠纷，且不属于被限制转移或被查封以及违章建筑的房屋；

(4) 属受理登记的登记机关管辖。

2. 审查委托人申请登记的期限

总登记：申请人应当在地方人民政府公告的期限内申请。

初始登记：新建的房屋申请人应当在房屋竣工后3个月内向登记机关提出申请；集体土地上的房屋因土地所有权变为国家土地，申请人应当自这一事实发生之日起30日内申请。

转移、变更、注销登记和他项权利登记，都应当在事实发生之日起至30日内提出申请。

3. 接受委托人权属登记代办的委托，签定委托代办合同

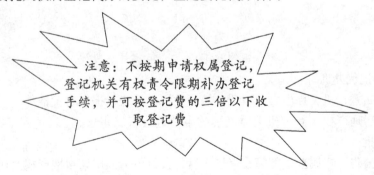

注意：不按期申请权属登记，登记机关有权责令限期补办登记手续，并可按登记费的三倍以下收取登记费

《房屋委托代办合同》样本

这一合同主要用于房地产经纪人为客户代办房地产交易手续，例如交易双方共同委托房地产经纪人办理成交后的交易过户手续、贷款手续、他项权利登记等手续等。

委托方：_____（以下简称甲方）

代理方：××房地产经纪有限公司　　　　　　　　　　（以下简称乙方）

甲、乙双方依据《中华人民共和国合同法》及其他法律有关规定，就委托代理出售房屋及相关手续的有关事项自愿订立以下条款，共同严格履行：

一、甲方委托乙方全权代表甲方办理以下事务。
二、乙方根据甲方的以上授权履行以下义务。
三、乙方只对甲方授权的事项负责。
四、乙方完成代理事务,甲方按委托房屋成交价总额_____%的比例向乙方支付服务费。甲方委托事项涉及的税费由甲方承担。
五、甲方撤销委托应以书面形式,挂号邮寄通知乙方,乙方收到通知之日,本合同终止。
六、双方签订本合同后未经乙方同意,甲方不得委托第三人代理上述事务,甲方委托第三人代理上述事务或中途撤销委托造成乙方损失的,甲方应全额赔偿乙方的经济损失。
七、自签订本合同当日起10天内,乙方不处理代理事项或甲方不按乙方要求提供委托房屋的有关凭证及材料视作违约,另一方有权对违约方追索违约金,且本合同自然解除。
八、乙方超越本合同约定的委托权限而造成甲方损失的,乙方应赔偿甲方的经济损失。
九、本合同条款空格部分书写与铅印文字具有同等效力。
十、本合同自双方法定代表人签字、公证即生效。本合同一式五份,委托方一份,公证方一份,受托方三份。

委托方: 受托方:××房地产经纪有限公司
身份证号: 地   址:
法定住所: 授权代表签字盖章:
联系电话: 联系电话:
公 证 方:
                         签约地址:
                         签约日期: 年 月 日

4.权属登记代办训练
(1)向权属登记机关提出书面申请,填写登记申请表,提交有关证件。
(2)等待房地产权属登记机关对受理的申请进行权属审核,"三审定案",三审即初审、复审和审批。
(3)等待公告。权属登记部门在审核之后,会将申请人申请房地产权及初步核定的情况张榜公布,或通过报纸电台等新闻媒介公布。在规定的期限内没有异议的即准予确认产权。
(4)等待核准登记,颁发房地产权证
登记机关在对权利人(申请人)的申请进行审查后,凡权属清楚、产权来源资料齐全的,初始登记、转移登记、变更登记、他项权利登记在受理登记后的2个月内核准登记。并颁发房地产权属证书。
房地产权属登记,权利人(申请人)应当按照国家规定交纳登记费和权属证书工本费。登记费的收取办法和标准由国家统一制定。在国家统一制定的办法和标准颁布之前,按照各省、自治区、直辖市的办法和标准执行。

附1：房地产权属登记的一般规定

1. 直接代为登记的房地产

有下列情形之一的房地产，由登记机关依法直接代为登记：

(1) 依法由房地产行政主管部门代管的房屋；

(2) 无人主张权利的房屋；

(3) 法律、法规规定的其他情形。

代为登记的房屋，不颁发房地产权属证书。

2. 暂缓登记的房地产

有下列情形之一的房地产，经权利人（申请人）申请，可以准予暂缓登记：

(1) 因正当理由不能按期提交证明文件材料的；

(2) 按照规定需要补办手续的；

(3) 法律、法规规定可以暂缓登记的其他情形。

3. 不予登记的建筑物

有下列情形的建筑物，登记机关应当作出不予登记的决定：

(1) 属于违章建筑的；

(2) 属于临时建筑的。

4. 应申请注销登记的法定情形

房地产有下列情形之一的，权利人应申请注销登记：

(1) 房屋灭失；

(2) 土地使用权年限届满；

(3) 他项权利终止。

申请注销登记，权利人应当提交原房地产权属证书以及相关的合同、协议、证明等文件。

5. 注销房地产权证的法定情形

房地产权证的登记中，有下列情形之一的，登记机关有权注销房地产权证：

(1) 申报不实的；

(2) 涂改房地产权属证书的；

(3) 房地产权利灭失，而权利人未在规定的期限内办理房地产权属注销手续的；

(4) 因登记机关的工作人员工作失误造成房地产权属登记不实的。

注销房地产权属证书，登记机关应当作出书面决定，并送达权利人。

复 习 思 考 题

1. 熟悉房地产经纪各类代办业务的流程与注意事项。
2. 以实例进行商业贷款、公积金贷款和组合贷款的计算训练。

第六章 房地产营销策划实训

理论内容
- 房地产营销策划的概念
- 房地产营销策划的主要内容
- 房地产营销策划的注意事项
- 房地产营销策划的发展趋势

实操内容
- 房地产销售策划实训
  项目一：项目 SWOT 分析训练
  项目二：房地产销售价格制定训练
- 房地产形象策划实训
  项目：房地产产品命名及 LOGO 设计训练
- 房地产广告策划实训
  项目一：优秀房地产广告语赏析
  项目二：房地产项目广告策划训练

第一节 房地产营销策划概述

一、房地产营销策划的概念

房地产营销策划统筹所有房地产销售及宣传推广工作，是房地产开发商为了取得理想的销售推广效果，在进行环境分析的基础上，利用其可动用的各种外部及内部资源进行优化组合，制定计划并统筹执行的过程。

房地产的营销策划主要是围绕消费者的消费行为、生活方式在产品设计、提升产品价值、营销传播、支付方式等方面进行创新，激发潜在消费需求或争夺现有顾客，体现为创造一种新产品（如规划设计方面的独特性）、提供一种服务模式（如管家式的物业服务）、倡导一种生活方式（如运动、健康、休闲、品位等）、营造一种文化等等。

二、房地产项目营销策划的主要内容

房地产营销策划可分为三大部分，即销售策划、形象策划和广告策划。可用图 6-1 表示为：

房地产营销策划的流程是：销售策划——形象策划——广告策划。各阶段的工作内容有：

销售策划：市场势态分析、自身项目分析、竞争对手分析、目标客户分析、营销主题

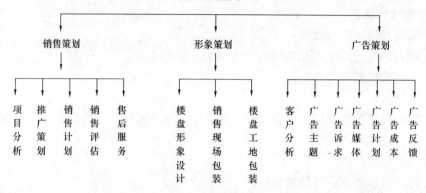

图 6-1 营销策划系统图

确定、销售价格定位、推广策略定位、销售计划确定。

形象策划：分为楼盘形象设计和现场形象包装。其中，楼盘形象设计包括楼盘名称、楼盘标志、楼盘字体、标准颜色、象征图案、印刷字体和标语口号等；现场形象包装包括销售现场包装和工地现场包装。

广告策划：客户分析、广告主题、广告诉求、广告媒体、广告计划、广告成本和广告反馈。

1．区域态势与竞争对手分析

（1）项目所在地房地产市场总体供求现状。

（2）项目周边竞争性楼盘调查，包括项目概况、市场定位、售楼价格、销售策略措施、广告、主要媒体应用及投入频率、公关促销活动、其他特殊卖点和销售手段等内容。

（3）结论。

2．项目自身项目分析

（1）项目主要卖点荟萃。

（2）项目强势、弱势分析与对策。

3．目标客户分析

（1）所在地人口总量及地块分布情况。

（2）项目所在地经济发展状况和人口就业情况。

（3）项目所在地家庭情况分析：家庭成员结构、家庭收入情况、住房要求、生活习惯。

（4）项目客户群定位。

目标市场：目标市场区域范围界定，市场调查资料汇总、研究，目标市场特征描述。

目标客户：目标客户细分、目标客户特征描述、目标客户资料。

4．销售价格定位

（1）项目单方成本。

（2）项目利润目标。

（3）可类比项目市场价格。

（4）价格策略：定价方法、均价、付款方式和进度、优惠条款、楼层及方位差价、综合计价公式。

（5）价格分期策略：内部认购价格入市价格、价格升幅周期、价格升幅比例、价格技术调整、价格变化市场反映及控制、项目价格、销售额配比表。

5. 销售计划确定

(1) 宏观经济运行状况分析。

(2) 项目所在地房地产相关法规和市场情况简明分析。

(3) 入市时机的确定及安排。

6. 广告策略

(1) 广告总体策略及广告的阶段性划分：广告总体策略、广告的阶段性划分。

(2) 广告主题。

(3) 广告创意表现。

(4) 广告效果监控、评估及修正。

(5) 入市前印刷品的设计、制作：购房须知、详细价格表、销售控制表、楼书、宣传海报、折页、认购书、正式合同、交房标准、物业管理内容、物业管理公约。

7. 媒介策略

(1) 媒体总策略及媒体选择：媒体总策略；媒体选择；媒体创新使用。

(2) 软性新闻主题。

(3) 媒介组合。

(4) 投放频率及规模。

(5) 费用估算。

8. 推广费用计划

(1) 现场包装。

(2) 印刷品。

(3) 媒介投放。

(4) 公关活动。

9. 公关活动策划及形象包装策划

10. 营销推广效果的监控、评估及修正

(1) 效果测评形式：进行性测评；结论性测评。

(2) 实施效果测评的主要指标：销售收入、企业利润、市场占有率、品牌形象和企业形象。

三、房地产营销策划的注意事项

一是策划为先。在整个项目开发过程中应该策划在先，包括项目认证、风险评估、资金渠道、市场定位、规划设计、施工招标、工程管理、材料选择、形象包装、开盘销售、广告宣传、营销策略、物业管理、品牌塑造、效益提升等等都需要系统策划，策划是建立在相应的市场调查的基础上，调查既可以是一手的资料，也可是二手的，如政府、银行、统计局、商业局、房管局、国土局、税务局等部门的统计年鉴，了解和分析市场购买力及消费趋势等等。根据不同的环节有针对性的展开调查，如围绕消费者的生活形态，围绕区域的楼盘情况，围绕促销策略等等。

二是创新为赢。在整个策划过程中均应该进行营销策划创新，包括建筑形态、布局规划、户型设计、整合营销、广告宣传、公关活动、物业管理、融资方式等等，如在支付方式上，与金融有效结合；在价格制定上，有效利用消费者的心理；在宣传和定位上，利用消费者好奇、虚伪等心理。如关注教育、与名人做邻居、零首付、组合销售、在促销上合家欢礼品组合：丈夫赠送健身礼券、妻子赠送美容礼券、儿女赠送少年宫课程一门、老人赠送全面身体检查一次等等。同时要全程为握，房地产开发的全程策划，每个环节、每道工序、每个细节都相当重要。如市场调研、市场分析、市场定位、市场形象、市场促销。

　　三是塑造差异。差异化能够创造竞争优势，在房地产策划过程中，应在不同层面塑造差异，如建筑风格、外立面、风系设计、光系设计、户型设计、布局空间设计、功能设计、智能化设计、逃生设计等等。在差异的塑造过程中，应在价值提升、吸引眼球、新颖性和成本方面权衡考虑，因为企业的目的是营利为本。

　　四是整合营销。一方面房地产企业在项目开发或经营中要体现人性化意识，关注企业形象、项目形象、员工形象、产品用料、营销方式等等，另一方面要善于整合，在定价方式、开盘起价、价格策略、付款方式、营销主题、广告创意、投放媒体、投放时间、媒体选择、卖点营造、物业管理承诺等方面都应该组合和整合。如引进组合家电、组合厨房；社区综合配套，整合内外部资源等等。在传播方面，从炒地段到炒升值潜力，从炒概念到炒设计和户型；从电视广告到车体、广播和户外广告等，在生活方式、生活品味等方面塑造创意点。在品牌定位方面，根据消费形态和楼盘实际情况，寻找相应的目标消费群体，同时要善于培育楼盘的子品牌。当然，对于房地产销售力的实现，单纯靠品牌概念的输出无法达成，实在的产品和价格才是实现销售力的关键所在，因此应输出多元化的产品信息，提升楼盘的价值感，打动更加理性的消费群，为产品注入一些新的元素，赋予产品更加新鲜的形象，从而保持品牌的新鲜感。

四、营销策划未来发展趋势

　　房地产已经进入品牌竞争时代，房地产市场的竞争已从价格竞争、概念竞争转而进入品牌竞争阶段，企业更注重对品牌的培养与利用。因此应注重对品牌的不断强化，输出品牌核心价值，进行统一品牌之下的分品牌战略；同时广告意识要超前，推广手段整合性强，利用一切可以利用的传播资源强化产品的概念。另一方面是消费市场日趋理性和个性化，近年经济持续放缓，居民收入（包括预期收入）持续下降，实惠性的心理占据主导地位；消费者经过长期的广告磨练，偶然性、冲动性购买行为减弱，理性购买行为增强；各种不同类型的消费者对楼盘的选择逐渐建立自己的标准和喜好，消费者对商品房的选择会更趋"个性化"，会更加考虑自己的心理需求，寻找更加适合自己的楼盘。随着房地产市场竞争的加剧，大型化、集约化楼盘将成为未来市场竞争的热点；针对不同消费者的市场细分趋势日趋明朗，以满足不同类型消费需求的消费群；"设计时代"开始回归，发展商更加重视产品的开发，对楼盘的前期规划和设计将更加重视。竞争手段将会全方位、多元化，如一些大型的楼盘具备综合的竞争优势，而中小型盘就必须以其个性化和特色需求也在市场占据一席之地。在未来的发展过程中，将进一步追求境界（如历史、人文、文化等）；追求近距离（如与商务区、高校、车站等接近）；追求洁净（对光线、绿化、天然气配备等）；追求宁静（密度低、生态景观台等）等等，不仅对配套设施的需求提高，而且对房地产开发商的品牌高要求；不仅对设计有相应要求，可能还会对社区居民的生活群和社交圈具有相应要求；不仅对楼盘的品牌有要求，可能对设计和制造过程中的环节比较关注。在市场竞争形势进一步白热化的情况下，如何进一步挖掘自身楼盘的附加价值，稳定价格、吸引客源？如何根据目标消费群的理性购买需求，进一步深化自身楼盘的优点，使目标消费群产生"物有所值"的感觉？如何继续建立自己独特的品牌个性，突破强劲对手的包围，在市场上继续掀起一股新的旋风？如何适应"个人置业时代"的新趋势？这些都迫使开发商需要进行系统的全程营销策划。

总之，未来的社区将更加在产品自身方面加以关注：如园林设计好，有较大的休闲活动空间；间隔合理、实用率高、采光好、空气流通；楼距较大，有开敞的空间和视野；完善的小区配套，物业管理好，最好是封闭式管理；交通、购物方便，使房子成为有文化气息的房子，成为有创造力的房子。在营销传播上：抓住目标消费者的心态，务求直指人心，在销售策略、广告策略投其所好，促成他们购买，同时根据目标消费群的特性，配合产品的特点，使广告投入针对性更强更直接。一方面是组合利用软文、公关和不同形式的广告，在设计和投放过程中创新，另一方面是有效把握目标消费群体的消费心理和行为，关注其消费形态，从而有针对性地开展相应地传播和促销活动。

第二节　房地产销售策划实训

项目一：项目 SWOT 分析训练

训练目标：了解项目分析常用的 SWOT 分析法，并会初步运用。

1. 对 SWOT 分析法的认识

（1）理解 SWOT 的涵义。它们分别代表：优势（Strength）、劣势（Weakness）、机会（Qpportunity）、威胁（Threat）。

（2）SWOT 分析法即态势分析法。是将与研究对象密切相关的各种主要内部优势、劣势、机会和威胁等，通过调查列举出来，并依照矩阵形式排列，然后用系统分析的思想，把各种因素相互匹配起来加以分析，从中得出一系列相应的结论，而结论通常带有一定的决策性。

（3）运用这种方法，可以对研究对象所处的情景进行全面、系统、准确的研究，从而根据研究结果制定相应的发展战略、计划以及对策等。

（4）SWOT 分析法常常被用于制定集团发展战略和分析竞争对手情况，在战略分析中，它是最常用的方法之一。

2. 楼盘 SWOT 案例分析

案例：左岸春天楼盘 SWOT 诊断分析

优势：

（1）左岸春天在 170 亩的建筑基地上，用了 110 亩的面积来规划园林，聘请国际园林大师贝尔高林公司，精心规划的一座以讲求造型艺术为主题的欧式风情艺术园林。

（2）配套设施如法国左岸艺术培训中心、健身房、棋牌室、乒乓球室、桌球室、咖啡吧、美容美发厅，工农桥小学、双语幼稚园、网球场、全民健身运动场、游泳池等一应俱全，是业主便利生活的有力支持。

(3) 有 150、115、136 等多条公交线路，随着芙蓉北路的改建完工、伍家岭立交桥等交通路网的进一步完善。

(4) 地产商实力雄厚，具有一定信誉度。左岸春天由泓信地产联合华森、贝尔高林、中海物业三大企业打造源于法国塞纳河左岸的生活格调且具有国际人居品质的大规模社区。

(5) 户型经典、自然采光、对流通风、明透景观、超高的性价比，最大程度发挥空间的使用率。

(6) 名牌物管。中海物管是中国首家通过 IS 9002 国际认证的金牌管家，提供卓越、科学的酒店级个性化服务，以中国第一专业品牌保证第一生活品质。

(7) 物业服务周到。左岸社区服务中心 24h "ANYCALL"，以至微关爱体现生活品质。70 余项物业服务，包括公用设施、车辆、消防、绿化、卫生管理；上门安装、维修设备，家政、家教服务，生活省心。

(8) 智能化管理系统确保住户安枕无忧。IC 卡门禁系统、保安 CCTV 监控系统、周边防卫系统、停车场智能管理电子系统、巡更管理系统、可视对讲系统、消防广播系统，更有 24h 保安巡逻全力保障。

劣势：

(1) 左岸春天均价达 2800 元/m²，高于周边楼盘价格，故其在价格方面存在一定压力，必须具备有力的价格支撑体系。

(2) 非中心地带，交通不太便捷（可做到便利）。

(3) 项目总体风格定位选择了走法国左岸文化这条线。不管从地理上或是文化上，法国的左岸距离长沙这座中国的内陆城市都有一段不小的距离，基本上扯不上边。

(4) 小区规划最大的错误是户型的定位，尤其是面积的比例分配。据统计，项目一期的户型面积均在 130m² 以上，130~140m² 户型仅 30 套左右，约占一期总数的 8.9%，而 160~180m² 之户型就占了 70.1%，如此比例失调，面积过大，是项目难以走动的主要原因。

(5) 一期 21 栋多层和小高层住宅均带电梯，虽然可以是一种创新，增加了卖点，但由于成本增加，反而加大了项目的风险。

(6) 价格定位过高，超过了区域心理承受线。2400 元/m² 以上的售价，加之大面积户型，像两只拦路虎，挡住了市场的通道。

(7) 公摊面积过多，高过 20%，消费者无论如何是不能接受的。

(8) 广告推广成本高，而实际效果却微乎其微，增加了销售成本，也增加了市场风险。频繁更换销售代理公司，使得销售管理和控制衔接不上，队伍不稳定，影响了军心。

机会：

(1) 浏阳河沿岸景观与其相邻的电广传媒、新世纪文化城、世界之窗、海底世界合力构成的以旅游、人文观光、文化为主题的大社区，以及有着全国影响力的金鹰文化节的辐射影响，将在未来几年里成为长沙楼市新兴的住宅集中社区，项目地块具发展潜力与增值趋势。

(2) 开福区发展四方新城的力度很大，远景规划很好，已现雏形，与规划中的浏阳河风光带形成一个交集，交集的核心就是左岸春天，随着浏阳河改造工程一项项进行，左岸春天的价格将一路飙升。

(3) 凭借秀美的自然风光、与市中心恰到好处的距离、便捷的交通网络和优越的基础设施与人文环境，左岸春天周围正在聚集大批别墅豪宅和顶尖的精英族群，一个富人区正在左岸春天周边崛起，逐渐形成独具特色的区位特征和精英文化，吸引更多同一阶层的置业者。

（4）大型超市麦德龙近在咫尺是业主便捷生活的有力支持。

（5）二期有几栋楼直接面对浏阳河，属于视野开阔特别适宜人居的江景盘。

威胁：

（1）四方坪有一些竞争楼盘，如玫瑰园、滨江丽园等。

（2）麓南造城是当前长沙楼市的热点，对左岸春天环境有一定威胁。

（3）因四方坪地块曾是长沙经济适用房聚集地块，故整个四方坪品位和楼盘价格一时很难提升，导致项目定位与地块定位有落差。

（4）作为所处区域的四方坪浏阳河一带，由于历史的原因，其经济实力都不是很强，素有"南帝北丐"之称。因此也滞后了这一带的城市基础设施的发展，物流交通困难。这种状况直到2003年才有所改善。另长沙人认为城北的风水不好，都不愿意定居在城北，一定程度上影响了区域整体地产市场的发展。

（5）消费者对房产此类理性消费品都抱着较为谨慎的态度，一般都比较挑剔。

差异化卖点：

（1）在170亩的建筑基地上用110亩的面积来规划一座以讲求造型艺术为主题的欧式风情艺术园林。

（2）配套设施如法国左岸艺术培训中心、健身房、棋牌室、乒乓球室、桌球室、咖啡吧、美容美发厅，工农桥小学、双语幼稚园、网球场、全民健身运动场、游泳池等一应俱全，是业主便利生活的有力支持。

（3）物业服务周到。左岸社区服务中心24h"ANYCALL"，以至微关爱体现生活品质。70余项物业服务，包括公用设施、车辆、消防、绿化、卫生管理；上门安装、维修设备，家政、家教服务，生活省心。

（4）大型超市麦德龙近在咫尺是业主便捷生活的有力支持。

（5）四方坪将在未来几年里成为长沙楼市新兴的住宅集中社区，聚集大批别墅豪宅和顶尖的精英族群，一个富人区正在左岸春天周边崛起，项目具发展潜力与增值趋势。

小结：

综上所述可见左岸春天有三大突出卖点：欧式的园林设计；富人区正在左岸春天周边崛起，项目具发展潜力与增值趋势；拥有麦德龙的生活便利。

在170亩的建筑基地上用110亩的面积来规划一座以讲求造型艺术为主题的欧式风情艺术园林，浓厚的社区文化，完善的社区服务，拥有良好的路网设施，丰富的物业形态；大型超市麦德龙近在咫尺等都是左岸春天的强劲优势。

开福区发展四方新城的力度很大，远景规划很好，已现雏形，与规划中的浏阳河风光带形成一个交集，交集的核心就是左岸春天，随着浏阳河改造工程一项进行，左岸春天的价格将一路飙升。同时左岸春天周围正在聚集大批别墅豪宅和顶尖的精英族群，一个富人区正在左岸春天周边崛起，逐渐形成独具特色的区位特征和精英文化，吸引更多同一阶层的置业者。

但交通不太便利，非中心地带，四方坪地块品位不高导致在价格方面也存在一定压力，推广楼盘时须补劣强优：无便捷但可做到便利（生活配套和周边配套成熟），价格可通过塑造高雅环境和成熟配套提升高档楼盘形象及宣传楼盘升值概念支撑。

3．学生进行SWOT分析训练

案例：A项目是旧城商业街改造项目，简单分析得到结论：

学生自己分析：

优势：地处市中心、交通方便、人口集中。

劣势：地价昂贵、拆迁费用大、基本配套设施老旧。

机会：政府加大旧城改造力度，给予众多优惠条件。

威胁：市中心商业街众多，并有相似类型的项目形成竞争。

引导学生深层次分析：

A项目为例，我们对上面所提到的优势进一步分析：

地处市中心：市中心确实是热闹繁华的所在，但随着城市向外延伸，市中心的概念也将越来越淡薄，并逐渐形成了一些城镇中心分流客源。

交通方便：这也是一个双面刃，地块的公共路线当然四通八达，然而堵车是一个致命伤。拥有私车的消费阶层是较具购买力的群体，但他们会不会因为这样的不方便因素而放弃了到这里逛街购物？

人口集中：人口集中是商业街经营的关键，人多自然卖的就多。但这些人的购买力如何？消费意识怎样？这些问题仍然需要深入调查。

对劣势进一步分析：

地价昂贵：由于地段的原因，地价比其他地区会高出许多。然而，与同档次地段进行横向比较，该地块也并不是最贵的。并且，这样的黄金地段，上涨的幅度可能很大。

拆迁费用大：这部分支出将是不可避免的，并且处理不当将会造成不良的后果。但是，如果加以严格的管理、规范的流程和耐心细致的工作，也是能够将成本降到最低的。

基本配套设施老旧：这方面是可以通过改造实现转变的，关键是成本核算的问题（究竟哪些方面需要改造？费用多少？投入和产出是否成比例？）。

机会是政府承诺的优惠条件，需要考虑优惠条件有哪些？哪些可能兑现？兑现的可能性多大？在优惠的同时是否会捆绑一些额外的要求？

威胁来自于相似类型的竞争项目。然而，这些项目也为开发提供了借鉴，如果能够认真分析同类项目的得失，未尝不能"后发制人"。

当然，以上所讲的这些只是"凤毛麟角"，真正的项目所需要分析的内容远不止这样简单，但分析思路基本是这样的。

项目二：房地产销售价格制定训练

训练目标：了解房地产定价的常用方法和价格策略技巧，会初步设计房地产开盘价格、销售中期价格及尾盘价格。

1．定价方法

房地产的定价方法有成本导向、竞争导向、需求导向三种，不同实力、地位的开发商采用的定价方法的不同，楼盘不同销售时期采用的定价方法也应该不同。具体策略有：

（1）低开高走策略：根据销售进展情况，每到一个调价时点，按照预先确定的幅度调高一次售价的策略。

（2）高开低走策略：是开发商在新开发的楼盘上市初期，以较高价格开盘销售，迅速获取高额利润，然后降价销售，力求将投资尽快回收。

（3）尾盘定价策略："尾盘"即主要战略任务完成后尚未售出的单元。尾盘期的营销任务只是继续回笼资金，对付尾盘的办法多为降价促销。

2. 房地产价格策划训练

（1）收集当地房地产市场的价格资料，并进行整理，基本明确不同区域、不同地段的价格分布情况（这部分可结合第二章市场调查的内容一起来完成）。

（2）老师给定某些正在开发的真实楼盘案例，由学生自己来制定不同销售阶段的价格。

（3）要求学生能够说明其价格设计和所使用的价格策略的原因。

（4）学生之间进行相互交流，让学生自己评价各自价格方案的好坏。

（5）老师对所有学生的价格方案进行分析和总评。

附1：对学生采用的定价方法的总结

1. 类比法：所推销的物业，应清楚在同等楼盘中属上、中、下哪种。
2. 成本法：物业包括税金、推广费等在内的综合成本及利润期望值的幅度，是微利多销或高价高利润，这要根据发展商自身和市场情况确定。
3. 评估法：由专业地产评估师对楼盘进行全方位的评估后作出定价。

无论哪种，均应随行就市，最大限度地获取市场份额。在弄清方法之后，具体执行有低价、高价、内部价、一口价、优惠价等战略。

采用低价战略：入市时比较轻松，容易进入，能较快地启动市场。

采用高价策略：为了标榜物业的出类拔萃、身份象征、完善功能、优良环境等，可用高价吸引高消费者入市，但不是盲目漫天要价，要物有所值。此法风险较大。

附2：定价比例

1. 先设定标准层，高层一般定在楼盘的1/2高度，多层一般3~4层（9层以下）为最好。
2. 确定一个楼层系数，标准层以上一般每层加价比例为0.8%，标准层以下每层下调0.5%。
3. 在高层建筑中，7层以下因其视野受限，一般应为低价区，顶层与低层的价格一般相差约30%。
4. 朝向系数的确定。一般地，江景、园景等给人以视觉上的享受，朝向系数大，为8%~10%左右，而临马路的因其噪声大、尘埃多，朝向系数低，为3%~5%之间，楼盘的南、北两个方位，如无景观差别，一般南面售价高于北面。
5. 商铺的定价，由于一般顾客购物习惯在首层，因此首层商铺定价一般是住宅平均价的三倍以上。车位的每平方米定价一般相当于住宅的50%。

第三节　房地产形象策划实训

项目：房地产产品命名及 LOGO 设计训练

训练目标：学生了解楼盘命名的方法，能够结合楼盘的特点恰当的命名。

1. 当前楼盘命名方式的认识训练

传统吉利型、古典文化型、时尚潮流型、海派情结型、帝王将相型、地域特征型、功能标识型、景观特色型、名贵花木型等。

2．好楼盘名称的特征认识

（1）楼盘名称具有强烈的标识性，与楼盘所处的地理位置、周边环境及产品和目标客户的定位相吻合，体现楼盘的特色。

（2）与项目的大小和品味配套，暗寓物业的风格和档次，最好具有一定的含义。

（3）富有创意，具有较强的亲和力和地方特色，有一定的文化品位。

（4）朗朗上口，书写美观、寓意美好，给人美的感受和遐思。

3．楼盘命名训练（老师收集当地楼盘资料，给学生真实的楼盘背景资料，让学生进行命名练习。考虑到学生的文化修养，可给出多个较好的楼盘名称，让学生先揣摩体会再模仿练习，增强学生的兴趣和审美能力）。

4．楼盘以前面的楼盘为基础进行 LOGO 设计竞赛（可分组进行）。

5．命名与 LOGO 设计交流与评价。

第四节　房地产广告策划实训

项目一：优秀房地产广告语赏析

训练目标：了解房地产广告策划的类别，学会收集、欣赏和评价房地产广告。

1．学生通过报纸、杂志、电台、电视、网络收集好的房地产广告语，进行适当的分析和评价。

2．优秀广告语示范：

碧桂园————给你一个五星级的家
奥林匹克————运动就在家门口
光大花园————大榕树下，健康人家
珠江帝景————江畔艺术之都
金色领地————天秀地灵聚人生
保利·白云山庄——云山深处好居庭
都市华庭————都市连线奏鸣曲
罗马假日————贵族生活 100 年
美庐锦园————海风轻拂，芳草绿，悠然在我家
益田花园·豪园居——都市纯生活，人文全接触

西海花城—————盛开的花城，盛开的生活
南海玫瑰花园———邻居大海，自由自在
美丽365花园———美丽生活，相伴365
3．学生对以上广告语进行评价，体会广告语的特点。

项目二：房地产项目广告策划训练

训练目标：会进行简单的房地产广告设计与策划。
1．广告目标的确定
学生根据老师给定的某楼盘的详细资料，确立广告的类型、广告欲达到的目标和有关建议。
2．市场分析
（1）营销环境分析；
（2）客户分析；
分析客户的来源和购买动机，如信赖开发商、保值增值、楼盘设计合理、地段较好、价位合适等；分析客户可能拒绝的原因，如附近有更合适的楼盘、交通不便、购房投资信心不足等。
（3）个案分析：分析开发商的实力、业绩，楼盘规划、设计特色，主要设备和装修情况，配套设施情况以及楼盘面积、结构、朝向、间隔、价位等方面的情况。
（4）竞争对手分析：个案分析主要进行竞争对手分析时，除了要分析竞争对手实力和竞争楼盘的情况，还要分析竞争对手的广告活动，以吸取有益的东西，扬长避短。
以上分析在前面章节中都已训练过，这里让学生进行综合性的练习。
3．广告策略
（1）目标市场的策略训练：广告应该以细分市场为目标并采取相应的广告策略。以兼有多层和高层住宅的小区广告策划为例：当小区刚起步时，以开发深受市场欢迎的多层住宅为主，这时可采用开拓性广告策略，广告结合多层住宅的销售热潮不断强化小区的知名度和客户的认知度，使楼盘迅速进入市场。当小区逐步成型时，则采用劝说性广告策略：广告以说服客户购买，提高市场占有率为目的。当小区初具规模，欲推出高层楼盘时，可采取提示性广告策略：以造声势，提醒客户留意认购期为主要目的。
（2）市场定位策略训练：根据目标客户群的要求，采取价格定位策略、素质定位策略、地段定位策略、时尚定位策略等。市场定位不能偏差或含混不清，否则广告诉求时重点不明，受众难以留下特定的鲜明印象。
（3）广告诉求策略训练：采用理性诉求策略，通过真实、准确、公正地传达开发商或楼盘的有关信息或其带给客户的利益，让受众理智地做出决定；也可采用感性诉求策略，即向受众传达某种情感或感受，从而唤起受众的认同感和购买欲；还可用情理结合的诉求策略，即用理性诉求传达信息，以感性诉求激发受众的情感，从而达到最佳的广告效果。
（4）广告表现策略制定训练：广告中信息通过富有创意的思路、方式以及恰如其分的广告表现主题传达给受众。广告诉求的重点通常是楼盘的优点和特色，而广告表现的主题则具有更深一层的内涵，即楼盘带给客户的是生活品位的提高和由此而生的自豪感、优越感。广告表现策略要求用创意对广告信息进行包装并确定广告设计、制作的风格和形式。广告创意讲求新颖独特，但不能离奇古怪。

(5) 广告媒介策略制定训练：房地产广告常选四大媒体：报纸、广播、电视和杂志，还有户外广告，如工地围墙宣传画、巨幅电脑喷画、路牌、灯箱、车身广告、横幅等（图6-2～图6-6），这些可统称为"线上媒介"。"线下媒介"也是开发商常用的，像展销会、直邮、赞助及其他推销用的楼书、优惠券、单张（海报）等。广告媒介策略要求开发商和代理商合理选择媒介组合，形成全方位的广告空间，扩大广告受众的数量；其次要合理安排广告的发布时间、持续时间、频率、各媒体发布顺序等，特别重要的广告要提前预定好发布时间和版位。

图 6-2　报纸广告　　　　　图 6-3　车身广告　　　　　图 6-4　售点广告

图 6-5、图 6-6　制作精美的售楼书

4. 广告计划

内容包括广告目标、广告时间、广告诉求、广告表现、媒体发布计划、与广告有关的其他公关计划、广告费用预算等。在形成书面的广告计划书时要注意提案的技巧、文字的风格和格式的赏心悦目。

5. 广告效果测定

先邀请目标客户群中的一些代表对广告的内容和媒介的选择发表见解，通过分析反馈意见再结合部分专业人士的建议，反复调整，就可使广告计划日臻完善。

附1：广告任务案例

广告周期中不同阶段的主要任务　　　　　　表 6-1

广告周期	主要任务
筹备期	户外媒体：销售中心、样板房，看板等（主要）
公开期、强销期	印刷媒体：海报、说明书等（主要） 报刊媒体：记者招待会（次要） 报刊媒体：节奏加快、灵活多变（主要） 利用筹备期的户外媒体和印刷媒体
持续期	依靠前期剩余的户外媒体和印刷媒体来维持

附2：S市某楼盘营销推广执行方案（节选）

一、销售策略

1. 价格定位及价格策略

（1）价格定位：产品的价格定位取决于项目定位、功能定位、品质定位及客户群定位。根据调查，S市房地产市场价格一直稳中有升，主力市场为2000~2500元/m²的房源。鉴于本项目的定位，宜采用两种价格定位方法，即针对大部分工薪阶层的房源采用低价销售，针对中、高收入阶层的房源采用中、高价销售。具体价格定位如下：

1) 小高层公寓房、多层公寓2000~2500元/m²；
2) 豪华跃层住宅（4层）2500~3000元/m²；
3) 双联别墅3500~4000元/m²；
4) 标准型独院别墅4500~5500元/m²；
5) 高档型独院别墅6000~7000元/m²；
6) 豪华型独院别墅7000~8000元/m²。

（2）价格策略：

1) 投石问路：开发商对即将推出的楼盘进行大量的广告宣传，吸引群众前往现场了解，但却不向购楼人士提供具体、详尽的楼价表，而只是通过部分宣传资料及现场气氛感染购楼人士。采用内部认购并以抽签形式实现成交，创造市场效应，迅速提高楼盘的知名度。

2) 低价开盘：针对公寓房面向普通百姓的特点，采用低价开盘，小幅频涨，在具体应用中应遵循以下原则：

- 供需原则：在执行营销计划时，供需状况变化，价格须作调整；
- 渐进原则：每次调价幅度不宜过大，控制在1%~2%以内；
- 效益最大化原则：及时研究市场的情况，市场供大于求时，应有最好的市场占有率，市场求大于供时，应获得较高的利润率；
- 价格稳定原则：比如折扣、优惠、赠品，对每一位消费者应一视同仁。

在遵循以上原则的基础上，对价格的调节可采用以下四种方法：

- 折扣价法：对付现金购房2套以上时，可考虑给予价格折扣；
- "一房一价"法：分析每平方米房价的合理行情，根据地块、面积、朝向、视野等情况，采用加权点数法确定不同的差价，主要有地块差价、朝向差价、楼层差价、视野差价等；
- 分开计价法：即花园、车位与住房分别计价。车位控制在每个5万元以内，同样，别墅和花园面积亦分别计价，花园价格控制在800元/m²以内；
- 心理价位法：比如住宅1888元/m²要比2000元/m²对消费者有更多的吸引力，相差虽仅112元，但消费者有"1000"与"2000"之区别。

3) 高价开盘：由于别墅主要的消费客户群体是中、高收入阶层，加之产品本身品质及配套设施，应采用高价开盘，拉开与公寓的档次，原则上高开高走，稳中有升，但要注意环境、配套的同步施工进度。

(3) 定价模式：宜采用动态定价模式。

(4) 入市时机及调整。

1) 入市时机：

A. 举行奠基仪式，内部认购开始。

B. 认购1个月后，结合广告、图片、模型展示，举行抽签仪式，确定首批业主。

C. 举行隆重开盘仪式。

D. "秋交会"时形成高潮。

2) 入市姿态：以"市经济适用房开发中心精心打造标志工程，携手共建美好家园"为题，突出小区的上佳人居环境和楼盘品质。

3) 销售方式及策略：针对本楼盘的特性，建议采用独家代理销售方式进行营销，即由市经济适用房开发中心聘请策划营销人员组成营销班子，进行整合营销策划和推广。在销售策略上拟采用以下多种策略：

A. 让利促销——小高层住宅送部分物业管理费，公寓、别墅送露台、部分赠品等。

B. 无理由退房——即落订的公寓房在正式签订合同前不满意可无理由退房，达到"欲擒故纵"的效果。

C. "试住大行动"——开发商不避风险，展示实力。

D. 设计大师与业主对话——责任建筑师制度，户型由客户决定，"个性化装修方案"为住户服务到底。

E. 零首付入住——100%按揭贷款，采用"以旧换新"置换模式或与银行联手"以旧抵押"置换模式。

F. 买房赠车——可采用买房抽奖方式，奖励小轿车。

G. 与名校联姻——"买望月人家，孟母何须三迁？"

H. 聘请形象大使——明星助阵促销。

I. 数字化营销——真诚面对客户。

J. 人性化营销——常盛不衰的营销主题，导入"I的生活计划"的概念文化。

K. 主题营销——人居环境营销，阳光、清泉、碧草，一片纯静的天空，一方秀色的湖畔，激起消费者对人居环境的渴望。

L. "e生活网络拉力赛"——体现时尚生活。

M. 物业管理——展示社区文化，体现人性关怀。

N. 独特的会所营销——关怀您的一切，"您要的是一个会所，我们给您的是整个世界"。

O. 专车接送——以时间换空间。

P. "快乐的看楼团"——适时推出系列公关活动。

Q. "望月人家，健康人家"——抓住消费者的心态，以健康生活为题，点明项目所具备的休闲运动配套设施。

4) 销售组织（略）。

2. 项目包装

(1) 项目整体形象包装：项目整体形象包装是对项目形象的总体设计，项目的包装从里到外应该围绕着一个具体定位、一个良好楼盘的形象展开，这样才能加深客户印象，树立起楼盘特有的形象，反映出楼盘特色。

楼盘的包装应与楼盘风格相一致。本楼盘的风格是强调怡人的人居环境，即从人居环境的主题入手，对楼盘进行软、硬件形象包装（表6-2）。

项目整体形象包装　　　　　　　　　　　　表6-2

包装项目	概念	包括内容
楼盘工地包装	楼盘范围内的一切广告宣传、销售设施和用具，以及施工现场的整体管理	广告幅、板、旗、牌，售楼处、样板房，人工景观及施工现场管理等
销售包装	"软件"的包装	销售人员的管理，谈吐语言、着装，主气氛的营造、活动、表演
管理组织包装	对工程进度、工程质量、销售进度的总体筹划和把握	动工——封顶——竣工——入住时间表及质量要求表

（2）发展商形象包装：对发展商的形象包装宣传上注重含蓄、文化，不过度张扬，宣传主题是"精心打造标志工程，至诚服务回报社会"，突出其"以人为本，服务社会"的经营理念。结合楼盘品牌的提升，运用公关手段，组织促销活动，从企业文化到社区文化，实现其文化战略。

（3）项目工地的包装：

1）工地形象诱导：

A. 目标：工地作为买家最为切身关注的地方，是最经济和有效的宣传场所，工地形象如何，不仅直接与物业和公司形象有关，而且还能够营造销售气氛。

B. 手段：

- 工地路牌：标明物业的名称和位置，直接与工程形象相关联；
- 工地围板：明确发展商和楼盘的特性；
- 工地气氛：利用彩旗、气球等宣传物品，吸引人们的注意力，营造整洁、有序的施工现场。

2）工地环境包装设计：

A. 目的：将整个工地现场，根据建筑施工进程和环境特色进行包装。包装强调项目的特色，对项目有一个良好的视觉形象。

B. 手段：一部分内容为工地围墙包装、工地立柱广告牌制作、工地公共标牌制作、挂旗制作、路灯安装等；另一部分内容为绿化和其他配套工程完善，优先搞好工地围墙沿线、样板房参观路线及绿化工程施工。

C. 要求：严格按照Ⅵ设计内容制作完成，绿化工程随工程进度按时完成。

3）工地现场形象管理规定：

A. 工地内倡导安全、文明施工，人员进入施工现场必须戴好安全帽。

B. 在项目规划的各主入口、主干道周围3m内必须保持畅通，不准乱堆放任何东西。建筑材料、施工机械等应有秩序地整齐摆放，不得随意零散摆放。

C. 各施工单位悬挂各种标语和横幅，须经策划部批准后按要求悬挂。

D. 凡由房地产公司统一制作的各类招贴、广告画、彩旗、横幅等宣传物，任何人不得以任何理由撕毁、搬动、损坏，否则将追究相关责任人。

E. 任何人不得损坏已完工的建筑、园林绿化（包括草坪、花草树木、雕塑小品、游泳池等），否则将追究当事人的责任和经济赔偿。

F. 任何单位或个人不得在工地范围内拍照、摄像，如确有必要，须办理相关手续。

(4) 现场售楼处的设置和包装：售楼处可以说是发展商的"脸面"，是能否让买房者"一见钟情"的关键所在。售楼处形象包括室外和室内两大部分，两者均不可偏废。

1) 室外部分与工地形象形成整体，包括大型工地广告牌、工地围墙、路径彩旗、标语、指示牌。

2) 室内部分：售楼资料的准备、模型、展板、电视录像、样板房。

3) 环境形象：售楼处的外环境是客户进入楼盘现场的第一观感所在，因此，售楼处在开放前就必须把一定范围内的外环境进行整治，包括道路、停车场地、休息座椅等都要设计好，并要进行适当的绿化、美化，给客户良好的第一印象。

(5) 样板房的设计和包装：样板房的包装主要注重以下几点：

1) "观念塑造样板房"，样板房的设计要与行销主题相符合。

2) "装修—室内设计+装饰"，提倡"惠而不贵"的装修观念。

3) "引导生活品质的提升"，通过对样板房的装修，导入一种更加人性化的更加超前的生活理念。

4) 用文化"包装"样板房。

5) 样板房切勿做假。

3. 广告宣传计划

(1) 媒体分析：S地区的广告媒体主要有报纸、电视、邮发广告、户外路牌、公交车身广告、灯箱广告和网页广告等。

1)《S日报》是S市的机关报，发行量接近3万份，是S市的主流媒体，读者主要为机关干部、企业管理阶层、中产阶层和知识阶层等。

2)《扬子晚报》、《服务导报》是省城介入本地的主要媒体，前者的读者群广泛，尤其是外地来S人员，后者因刊登股市信息吸引了大批炒股人士。

3) S电视台虽然普及到市城乡各户，但由于频道多，要根据节目的影响率来决定广告投放的收视率；另专题栏目亦有一定的收视率。

4) 广播电台在S市有传统的传播优势，有线广播已进入全市城乡各户，且基本是全天播音，无线台在早上和中午收听率较高，应视为报纸、电视广告的补充与辅助。

5) 邮发广告具备印刷质量好、收藏性强的优点，可直接投递到户；缺点是对目标客户群命中率不高，且印刷成本较高。

6) 户外路牌广告、公交车身广告、灯箱广告既是楼盘的形象广告，亦是迅速传播楼盘信息的有效途径。

7) 网页广告，可作为楼盘专门网页，并与有关网站链接。

(2) 媒体的组合：

1) 销售前期以报纸、软新闻和户外广告为主，突出工地形象和售楼处形象。

2) 销售期开始，结合主题营销，报纸、电视、电台、邮发广告多种媒体并用。报纸以地方报纸为主，外地主要媒体、业内主流媒体适时跟踪报道；电台以广告语为主，重点突出项目品牌；电视以纪实为主，适时推出专题片；邮发广告以系列为主，以"清新、自然、高品质的家"为题突出小区上佳的人居环境；网站的宣传重点使人们了解小区的基本情况及工程进度。

3) 销售后期，媒体的运用以报纸和电视为主，报纸对小区系列活动深入报道，电视以纪实手法展现小区崭新风貌。

4) 广播电台创办"望月之音"栏目，及时宣传楼盘的各种信息。

(3) 费用预算（视具体情况另行安排）。

(4) 宣传定位：

1) 小区的规划设计：突出小区建筑风格和环境效果，宣传开发商"以人为本、天人合一"的开发理念。

　A. 建筑风格：现代建筑与江南水乡民居的完美结合。诉求重点——现代建筑风格糅合了"望月古韵"的深厚历史文化底蕴。

　B. 环境效果：掩映在蓝天白云里的现代人性空间，荡漾在碧波涟漪里的温馨家园。诉求重点——大面积的江南水景和"步移景换"、如诗如画般的环境景观。

　C. 开发理念：我们以"精心打造"，真诚回报每一位业主。诉求重点——从户型、建筑密度、容积率、绿地率、个性化设计，主打开发商超前的开发理念和"以人为本"的服务理念。

　D. 项目区位：交通便捷，未来城市的中心区。

2) 小区的公建配套：突出开发商的品牌形象。

　A. 幼儿园和小学：关怀您并伴您下一代成长过程的理想家园。诉求重点——双语制幼儿园及实验小学，可帮您解决下一代成长的烦恼，"入住望月人家，世家书香门第"。

　B. 会所：您社交的舞台，您小憩的港湾，您畅想的序曲，您加油的驿站。诉求重点——开发商品牌形象宣传，"您的各项需求，我们都会给您满足"。

3) 小区的智能化：重点突出对人们信息需求的满足。诉求重点——一步到位的先进智能化系统。

4) 楼盘的品质：突出小区的整体品牌，形成"绝版小区"概念。诉求重点——"入住望月人家，至尊至贵的身份象征"；开发商楼盘品质承诺，"入住望月人家，百年幸福基石"，"望月房产，精品保证"。

5) 小区的物业管理：突出对住户的人性关怀。诉求重点——预订服务、家政服务中心、儿童教育培训、定期社区文化活动。

6) 小区的社区文化：突出人与人的邻里交往，买房实际是一种全新生活方式的演绎。诉求重点——远亲不如近邻，逃避钢筋和水泥的冷漠，我们的大家庭需要亲近的呵护和交流；诉求社区的生活氛围和文化氛围。

(5) 销售卖点设计

1) 卖点规划设计：

　A. 江南名居与现代建筑的完美结合。

　B. 现代居住人性化的最佳人居环境。

　C. 超前的户型设计和概念房型。

　D. 生态环保的绿色住宅，大面积的绿化景观。

　E. "小河进人家，人家尽枕河"的水景住宅特色。

F. "名师联手的惊世之作"——个性化的设计方案及装修方案。

2) 卖楼盘品质：

A. "地产名牌，信心保证，精雕细镂，现代经典"。

B. "绝版园区，世代传承"。

C. 即将申报"联合国最佳人居环境奖"。

D. "买经典楼盘，创辉煌人生"，崭新的生活方式就在您的眼前。

3) 卖小区的设施配套：

A. "e网时代，您与世界相连"，展示小区的智能化系统。

B. "八重保护，您的生活无忧无虑"，展示小区的安保系统。

C. "顶级会所"，展示您生活的高贵品质。

D. "师出名门，孟母何须三迁"，小区的教育环境一流。

E. "直达巴士接送"，上班一族更显尊贵。

4) 卖小区的人文环境：

A. "我们100%的服务是您信心的保证"，完善的物业管理，满足您的生活需求。

B. 独特的社区文化，为您的下一代创造成长环境和新的生活方式。

C. 邻里亲近的沟通，关怀您的情感空间。

5) 卖开发商的品牌和实力：

A. "无理由退房"——产品质量的保证。

B. "零风险试住"——开发商形象的显现。

C. "责任建筑师制度"——户型由客户决定。

D. "低首期付款"——降低入住门槛。

E. "以旧换新"——客户多了选择面。

(6) 广告构思及文案：

1) 准备期：主打住宅新概念，突出人居环境；主打"联手打造精品"。

横幅：这里即将成为您的梦想家园。

户外看板：望月福地，海虞之光——市经济适用房开发中心"望月人家"首度献礼。

主标：百姓安居乐业，美梦甜想成真。

副标：在珍稀的土地上，辉映着"望月"古韵与时代的礼花，我们懂得土地，珍惜土地。在这绿意掩映的美地，在这河渠交错的水乡，难得的一片纯洁和宁静。我们用心雕琢每一寸空间，用心打造着一代精品。

A. 市规划的居住中心地区。

B. 现代与古典完美结合的大师扛鼎之作。

C. 上佳的人居环境，诗一般的生活空间。

D. 规模大，会所、娱乐、购物、康乐功能齐全。

E. 双语幼儿园、实验小学，亲情呵护下一代。

F. 高智能社区，永远高瞻远瞩。

2) 公开期：主打规划设计智能化。

主标："望月人家"盛大公开。

副标：2002年×月×日梦与时空的完美交接。

A. 超前的规划设计理念。

B. 极具人性特色的滨水景观。

C. 至尊身份象征，功能会所为您设立。

D. 高智能居住，关怀无微不至。

E. 共享邻里空间，我们不再寂寞。

3）强销期：平面广告：主打景观规划、配套、智能化及服务理念。

主标："望月人家"助您辉煌人生。

副标：百年一遇的机会，已经来到您的身边。绝版小区和房型，我们的作品得到了您的承认与共鸣。让我们的心贴得更加紧密，入住"望月人家"，助您百事通达。

A. 前瞻的总体规划。

B. 单元中央功能区。

C. 功能会所尽享便利。

D. 高智能小区，居安无忧。

E. 一步一景的景观规划，100多亩清澈映人的湖面，景观与生活空间融合辉映。

F. 区内名校"一条龙"，倾情关注下一代。

G "望月人家"，服务大家，高品位的物业管理，带给您全新的生活方式。

4）持续期：平面广告：主打建筑、社区文化。

主标：拒绝平凡，超越自我。

A. 倾心再造康居工程，楼盘品质信心保证。

B. 环保建材新概念，健康大家乐康居。

C. 项项工程齐倾力，设施配套样样全。

D. 幼教、社区文化节、各类专业培训寓教于乐。

E. 新辟果树认养区，时刻体现您的爱心。

F. 精心构筑园区聚焦处，体现人性关怀。

5）冲刺期：平面广告：主打规划、房型。

主标：精益求精，名牌精神的体现。

副标：住家新概念，领一代风骚。

A. 房型图——多功能动线说明。

B. 小区规划。

C. 家居装修计划，为你度身定造。

二、促销手段

1. 项目前期

（1）与S电视台《家园》栏目举办"我们的家园"大型公众参与活动，广泛收集各种需求信息。

（2）与媒体、政府有关部门以"绿色家园"为题，举办大型征文比赛和小学生绘图比赛。

（3）5月份趁全国康居住宅现场会在省城召开之机，与省建设厅联系来S市参观，形成品牌宣传热潮。

2. 项目中期

(1) 以"绿色环保"为题和环保局一起举办有奖知识问答，导入环境 ISO 14000 质量认证体系，引导消费者认识只有通过环保质量认证，才是上佳的绿色环保住宅。

(2) 推出"Ⅰ的生活计划"概念文化主题宣传活动，聘请××艺术大师充当楼盘的形象代言人。

(3) 选择 1~2 项赞助性公益活动，举行"望月杯"体育比赛。

(4) 与《中国房地产报》有关栏目一起筹备"现代建筑如何与中国民居完美结合"的全国性的大型研讨活动，以期在业界形成认同感。

3. 项目后期

(1) 与 S 电视台《家居印象》栏目一起举行家庭装饰知识有奖问答。

(2) 与省建设厅、省建管局、省装饰协会举办装饰设计大赛，参赛户型以本项目各种户型为主；活动结束后，举办大型展览。

4. 辅助手段

(1) 政府部门配合支持。

(2) 媒体深度宣传报道。

(3) 工地形象营造。

三、干扰因素

人为干扰因素

销售策划阶段

本项目在销售策划阶段的主要不利因素包括：

A. 项目建筑设计、环境景观设计与策划进度不能有效地吻合。

B. 项目推进前的各项准备工作时间显得匆促。

C. 项目的营销整合、人员培训须待加强。

……

复习思考题

1. 对老城区和郊区等不同地段的楼盘进行 SWOT 分析。
2. 对附 2 案例进行全面分析，总结该方案采用了哪些方面的策略？

参 考 文 献

[1] 房地产经纪概论（第二版）.中国房地产经纪人执业资格考试辅导教材.中国房地产估价师学会编.北京：中国建筑工业出版社，2004.

[2] 房地产经纪实务（第二版），中国房地产经纪人执业资格考试辅导教材，中国房地产估价师学会编.北京：中国建筑工业出版社，2004.

[3] 房地产中介运作指南，吴翔华编著，南京：江苏科技出版社，2003.

[4] 房地产中介机构运作指南.周传林主编.北京：中国经济出版社，2004.

[5] 房地产策划.黄福新著.北京：中国建筑工业出版社，2004.

[6] 房地产经纪实务．周云，倪莉，盛承懋等编著．南京：东南大学出版社，2004．

[7] http://www.5inb.com，二手楼按揭需哪些费，2002-08-06，信息时报.

[8] 二手房交易流，2004-8-27，福房网．

[9] 盘点二手房交易流程，金羊网，2004-01-16，新快报记者，陈祺．

[10] 合肥二手房信息网，http://www.seouse.com

[11] 二手房买卖贷款办理流程，中经BP社，2005-06-16．

[12] 房屋承租居间合同文本，http：//www.e-fdc.com，2005年7月5日，北京市房地产信息网．

[13] 上海市圣信律师事务所徐丛林律师，http：//www.jinhouse.com.cn。